大富豪父の教え
幸せのコツ

荒川祐二

自由国民社

これは実際にあった、真実の物語。

目次

プロローグ　ご先祖様の日

この原稿を書き始めた今日、この日は『2019年3月1日』。

「毎月1日」というのは、僕にとって、子どもの頃からの大切な日でした。

それは、毎月1日は子どもの頃から家族全員揃って、仏壇、神棚にお膳を供えて、家族全員で神さま、仏さま、ご先祖さまに、ご挨拶をする日だったということです。

ご挨拶と言っても、決して怪しいものでも、難しいことでもなく、家族全員が揃って、『今月も家族全員が、事故怪我なく、幸せな日々を過ごせますよう、どうかお見守りください』と神仏、ご先祖さまに言葉を伝えて、全員で手を合わせて、そのあとに食卓を囲むといった、簡単なことです。

これは僕が物心ついたときからずっと、両親及び家族は欠かさずやってきました。

*

かつて僕の父は、こう言ったことがあります。

「今さらやけどな、何で俺があの、ご先祖様の日を始めたか知ってるか?」

「…?」

「俺は今ではな、おかげさまで50店舗以上のラーメンチェーン店を持つ会社を作れたし、みんなからも『成功者』とか、冗談で『大富豪』とか、言ってもらえたりもするけどな。２、30年前は、会社も全然うまくいかんくてな、社員には裏切られ、朝、会社に行ったら全員が一斉に辞めてたり、信頼していた人間に会社の資金を全部持ち逃げされたりな。いつ会社が潰れてもおかしくないような、綱渡りの状況がずっと続いてた…。あの時は毎日イライラして、毎日どうしたらいいかわからんくて、頭抱えてたなぁ…。でも家族もおったし、あきらめることも、投げ出すことも出来ひんかったしなぁ…。自分一人やったら、とっくの昔に逃げ出してたんやろうけど」

…ついつい「成功者」と聞くと、特別な才能があったり、マンガの主人公のような常人離れの努力が出来てしまう人間のように思えてしまいますが、昔を懐かしみ、笑いながらそう語る父の表情と言葉からは、目の前の課題に悩み、それでも諦めることなく向き合った、等身大の人間の姿がありました。

「…その話…、昔、お母さんから聞いたことがあったけど、本当だったんだ…」

「…そやなぁ…。まぁそんな人様にペラペラと話すような話でもないしなぁ…。でも、そんな時にすがるようにな、たまたま行った近所の占い師さんに、こう言われたことがあったんや。『あんたにはな、そんなに強い神さまも、仏さまも、ご先祖さまもついてるのに、どうして大切にせーへんのや』って」

「………」

「『あんたが生かされてることに対する感謝に、気付けへんから、あんたに気付かせるために、先祖もきつい試練を与えてるんや。だからこれからは、家族全員で月始めに、先祖と神さま、仏さまに、感謝を伝える場を作りなさい。そうしたら、全部うまくいくから』ってな」

「…そんな根拠のない…」

経営や社会における成功とは、一見関係のなさそうな父の言葉に戸惑い、不思議そうな顔をする僕に、父はもう一度ニッコリと笑って言いました。

「って、思うやろ？　でもな人間って、やることやってるはずなのに上手くいかなくて、切羽詰まり切ったらもう、頼るものが神仏、ご先祖さましか無くなるねんな。だから、俺も神さまなんか信じてなかったし、『むしろこんな頑張ってんのに辛い思いばっかりさせやがって』って、恨んでたけど。今の現実をどうにかしたかったから、恥もめんどくさいという思いも全部押し殺して、やってみた。そこからや…」

「…？」

「従業員が裏切ることもやめることもなくなって、良い取引先にも恵まれるようになって、会社の業績が、うなぎ昇りに上がっていってな。気付けば、大阪府下でも指折りの飲食チェーンになっていってな…」

「…そ、それは、どうして…？」

「ん～なんでやろうなぁ…。多分やけど、経営をしていて、というよりも生きていく上で、一番大切なことは、『おかげさま』の心を持つことやと思うねんな。従業員に対する感謝、取引先に対する感謝、もちろん自分の家族やお客さんに対する感謝。それがあって初めて、『本当の成功』が出来るんやと思うねんな」

「本当の成功…」

「みんな意外に気付いてないけどな、自分自身にお金も幸せも運んでくるのは、実は全部『人』でな。お前も生きてるこの社会というものは、要は人の集合体でな。そんな人に愛されることが出来たなら、お金も成功も、それに繋がる縁も情報も、たくさん、たくさん、運ばれてくる。そのために必要な心構えが…」

「…おかげさまの心…」

「そう…。人は必ず一人では生きていかれへんから、自分一人で生きているのではなく、たくさんの人々に『生かされている』という感謝の気持ちを持つ上で、その最初となるものが、自分の命を繋いでくれたご先祖さまやねんな…」

「ご先祖様…」

「自分に愛情を注いでくれた親、ご先祖さま、それがどういった存在であれ、今自分がこの世に存在出来ている、そのきっかけを作ってくれた存在に感謝をする。その根源に対する感謝の気持ちを持つことが出来たなら、今まで給料を『払ってやっている』と思っていた従業員に対して、『うちで働いてくれてありがとう』という気持ちを持つことが出来るようになって、今まで対立ばっかりして、憎くて、疎ましくて仕方なかった存在がな、急に愛おしく思えてきたんや。それは、取引先も一緒でな。値段を実際よりも上乗せしてるんちゃうか？とか疑いの気持ちで取引しているうちは、どれだけ警戒していても、実際に騙されたりな。でもこっちが心を入れ替えて、真摯な気持ちで向き合っていけば、不思議とそういう業者も姿を消して、気持ち良くお互いがお互いを発展させようという取引先に巡り会えるようになったりな…」

「………」

「その時に気付いたんや。結局は人間関係もトラブルも、自分の心が全部招いてたんやって。そこに気付いて自分を変えることが出来た時、現実も音を立てるように変わっていった」

「そんな簡単なことで…」

僕がその言葉を言うと、父は僕の目をまっすぐ見つめていた視線を外の景色に映して、遠くを眺めながら、どこか呟くように言いました。

「そんな簡単なことって言うけどな…。今日まで俺も色んな人に、『成功の秘訣』を聞かれてきて、必ずこの毎月1日の家族でのお供えの話をするんやけどな…」

「…はい…」

「実際にやりましたって人は、ほとんど見たことがない」

「………」

「…結局は、そういうことやねんな。良い話や成功法則なんて、この世の中にいくらでも溢れてる。でもな、それを聞いて、良い話聞いたなぁって終わらせるだけでなく、実際にそれをやるか、やらへんか。人生はその差だけやねんけどな…」

そう言って、父はフッと笑いました。

＊

父は、かつて僕にこう言いました。

「成功するのはそんなに難しくないねん。成功してる人間の真似をすればええだけやねんから」と。

この物語は、僕が生まれた時の生い立ちから今日に至るまで、これまでの人生を生きていく中で、その時々の出来事や場面に応じて、『大富豪』と呼ばれた父から教え伝えられてきた、人生の成功法則や幸せに生きるための方法をお伝えする物語です。

「教え」と言っても、先程の「毎月1日」のお話のように、決して難しいことや、特別なことをお伝えするわけではありません。

誰にでも出来るはずなのに、誰もしないこと。でもすれば、必ず幸せになれること。そんな『大富豪 父の教え』をこれからお伝えさせて頂きます。

かつて、そして今も、僕の人生が行き詰まった時に、父の教えが大きな人生の道標となってくれているように、これからお届けするこの物語が、皆さんのこれからの人生の幸せの道標となることを心より願って止みません。

大富豪　父の教え

幸せな勘違い

改めての自己紹介になりますが、僕の名前は荒川祐二と申します。

１９８６年３月25日生まれ。現在は神社や古事記、日本の神様の物語を始めとした13冊の本を出して、作家としての人生を送っています。

また20歳の頃から一人で新宿駅でのゴミ拾いなどの活動も行い、そこから５月３日（護美の日）に全世界で一斉にゴミを拾おうという啓蒙活動を行い、これまでに全世界５００か所以上、最高で１日15万人以上の人々を動員して参りました。また全国の学校などでそのゴミ拾いの話の講演会を行い、これまでに通算５００回以上、10万人以上の子どもたちにメッセージを届けて参りました。

おかげさまで今では結婚もし、子宝にも恵まれ、経済的にも精神的にも、順調に思える人生を歩ませて頂いてきましたが、決して才能に恵まれた人間だったわけではなく、どちらかと言えば、「ダメ男」の部類に入るような人間でした。

*

4人きょうだいの末っ子に生まれ、3月生まれだった僕は背も小さく、どうしても身体的にも能力的にも差がある状態で人生を送っていました。

運動や勉強も、成績は常に「下の上」、良くても「中の下」。

そんな人間だったので、小学校時代は大した特技も無く、目立つわけもなく、逆に出来の良い兄と比べられては、同級生からもいじられ続けるような惨めな毎日を送っていました。

そんな僕を見るに見かねたのか、小学校5年生になった折、僕は「強くなれ」という父の勧めで、きょうだいで空手を始めました。

しかしここでも全国大会で入賞を重ねる兄に比べて、僕は地方大会で1回戦負け、1回戦負け、1回戦負け…の連続で、通っている道場で、1回戦負けの連続記録を作るほどでした。

結局そんな兄の栄光の影に隠れながら、細々と空手も継続し、無事（?）小学校を卒業し、中学に入学したものの、そこでも『中の下』街道は大して変わらず、そんな調子だから、さらにおもちゃにされやすかったのでしょう。同級生から時に、後ろから黒板消しを投げつけられたり、いきなり飛び蹴りをされたり、時にいじめとも取れるような、そんな目にも遭ってきました。

そんな目に遭って平気だったかと言えば、そんなことはなく、もちろん、悔しかったです。いじられたり、いじめられたりの経験がある人なら、気持ちが分かるかもしれませんが、何より自分のことを大切に思ってくれている父や母の気持ちを思えば、ただ、ただ、やるせなかったのです。下を向いて、学校から家へと帰る道。こんな姿、両親には見せられない。そう思っていました。

そんなダメ男だった僕なのですが、今この時のことを思い返すと、覚えていることがあります。

明らかに誰から見てもダメな僕に対して、父は常々僕にこう言い続けていたのです。

「大丈夫。お前は出来るから」と。

幼い時からこの言葉を言われ続けていた僕は、兄や周りと比べても、明らかに「出来ていない」という現実があるのにも関わらず、父にそう言われ続けていたおかげで、幸せな勘違いをすることが出来ていたのです。
それは、「俺は出来るはずなのに、何で出来ないんだろう?」という、幸せな勘違い。

大概の場合、人は何か物事に挑戦する時に、「出来なかったらどうしよう?」、「失敗したらどうしよう?」と思ってしまいます。
しかし僕にはこの、「俺は出来るはずなのに」という、幸せな勘違いがあったおかげで、自分の可能性をあきらめることなく、同時に何かに挑戦することにブレーキのかからない性格が形成されていったのです。

まだ、ある日の父との会話を、鮮明に憶えています。

「子どもにはな、期待したらあかんねん」

「期待してはいけない？」

「子どもに対する期待ってのはな、単なる親のエゴや。子どもに『こうなってほしい、ああなってほしい』と勝手に思って、その通りにならないからと言って怒るのも、親のエゴ。周りと比べて出来ないからといって、勝手に周りと比べて、劣等感を感じるのも、親のエゴ。そこには子どもの事情はなくて、あるのただの、親のエゴだけやん」

「………」

「本来の親の役割ってのはな、ただ信じて、見守り、愛する。それだけでいいねん。たった1人。たった1人だけでええから、心底自分のことを信じ、愛してくれる人がいたのなら、子どもは必ずその愛情を、裏切ることはない。それが出来るのは、親以外に誰がいてる？」

「………」

「**信じることに勝る教育はなく、信じられることに勝る約束はない。**大丈夫。お前は必ずできるから、そのまま自分を信じて、前に進めばいい」

父の言葉とともに、僕はこの中学生の時代に、２つの転機を迎えることとなりました。

人生の得意技を見つける

まずは1つ目の転機。それは小学生の時に始めていた、空手でした。

空手自体は、弱いながらもまだ何とか続けていたのですが、僕が中学2年生の時に、ある環境の変化が起きたのです。

それは1つ上の兄が、中学3年生になり、高校受験のために、一時空手から離れることになりました。

今まで兄の影に隠れて、何とかごまかし、ごまかしやっていた、ダメな弟君は、これからは隠れるところも無く、一人で男の勝負の世界に出なければ、ならなくなったのです。

『やらなければいけない環境になったなら、人はやる』。

僕はこの時初めて、自分の意志で、『やるしかない』と思えたのです。

しかし、そうは言っても、どうすればいいのか、やり方が分かりません。

どんなことでもそうですが、やる気はあっても、やり方や努力の仕方が分からなければ、やりようがありません。

どうすればいいのかと思っていた所に、ある日父が食卓で僕にこう言いました。


「何かをする時は、必ず得意技を見つけろ」。

その父の言葉の意味は、どんなことにおいても、まず得意技や得意分野という大きな幹を身に付けることが出来れば、それが大きな自信となって、他の枝葉の部分も生きてくるということ。

「ええか？　野球で例えたらな、例えばストレートに、滅法強い打者がいたとする。すると相手の投手は、ストレートを投げにくくなり、カーブとか他の球を投げなければいけなくなる。そうするとその打者は次に、カーブを狙い撃ちすればいい。そして次に投手が、カーブを打たれたからといって、ストレートを投げたら、絶好球とばかりに、またそれを打たれて、と。終始その『得意技』を持っている、打者のペースとなる。といったように、『得意技』を持つということは、人生のどんな場面においても、自分自身の圧倒的な幹となり、他の枝葉の部分すらも、一気に活かしてくれるねん」

その父の言う、「得意技を持つことの大切さ」というものを意識して、僕は空手における、自分の得意技を考えました。

そして出た結論が、いつか空手の師範に、「お前、これだけは筋があるな」という、微妙な誉められ方をしたことのある、「左ミドルキック」という技でした。


少し格闘技のマニアックな話になって恐縮ですが、左ミドルキックというのは、相手の肝臓を蹴る技です。これは蹴られると、息が出来なくなるほど苦しいのです。

そこを狙って蹴ると、相手は苦しくなり、次にまた来るであろう、「左ミドルキック」を警戒して、頭やガードが下がる。そうなると次に空いた部分である、ガードの下がった頭を狙ったり、空いた足を狙ったりと、「左ミドルキック」という得意技を持っていることで、それが幹となり、僕の他の様々な枝葉の技が活き、勝負はすべて僕のペースで運んでいくこととなります。

この「得意技」というものを持ったとき、僕は人生において、初めて生まれ変わりを果たしました。
万年1回戦負けだった僕は、「やる」と決意してから、わずか半年。全国大会ベスト8を皮切りに、兵庫県大会優勝。大阪府大会優勝。全関西大会優勝。各大会での賞を総なめしていくことになったのです。

人生というものは、本当にちょっとしたことで、大きく変わる時があります。
仕事のことにしてもそうです。

例えば「誰よりもプレゼンテーションが上手い」、「資料制作に長けている」、「仕事が確実で、丁寧」、「裏方をさせたら、誰にも負けない」、そういった自分だけの何か一つでも、「これだけは負けない」という得意技を持つことが出来たなら、それだけで会社や組織の中で一目置かれることも出来ますし、その得意技をベースに周囲から判断してくれて、任される仕事が増えて、責任ある立場を得ることも出来ます。

恋愛を始めとした、人間関係も同じです。

「誰よりもリーダーシップがある」、「エスコートや気遣い上手」、「話し上手、聞き上手」、「計画を立てるのが上手い」。

そういった「得意技がある」というそれだけで、人生の流れや、世界を自分に引き寄せていくことが出来るのです。

あなたの人生の得意技はなんですか?

父が食卓で話してくれたこの教えは、その後様々なところで、僕の人生を変えていってくれました。

頑張る前に頑張り方を知る

次にやって来た転機が、「勉強」でした。

「得意技を見つける」という方法で、空手の世界では結果を出すことが出来たものの、それを勉強に適用しようと思った中学生時代の僕は、まだ比較的成績の良かった英語を重点的に勉強してみようと思い、取り組んでみました。

しかし、結果は芳しいものではありませんでした。何よりも空手よりも苦手意識のあった、勉強というものに向き合っても、どうしてもやる気が出ないのです。

そんな僕に、再び父は食卓で言いました。

「お前な、そら勉強する先が見えてなかったら、成果なんかでーへんよ」

「勉強する先？」

「**『努力のための努力』をしても、意味がない**ということや。

例えばお前が今必死になって暗記してる、その英語の単語帳。言ったら悪いけど、その本に載ってる単語が、全部で1000個か2000個か知らんけど、それを2000個全部丸暗記した所で、そのうち一回のテストや受験で、何個が出るねん？って話よ。7個か8個やろ？」

「………」

「それよりもどうせ勉強するなら、先生が授業の中で、『ここが大切ですよ』って言っている所を、重点的に勉強した方が良い。もしくは去年のテストの過去問とかを見て、どんな問題が出るか、その傾向と対策を学んだ方が良い。

だってお前が勉強をしている意味というのは、『勉強をしている自分に満足する』ためではなくて、『テストで良い点を取って、志望校に合格するため』やろ？そういった『努力の先』を見据えることで、自然と今この瞬間に、自分がやるべき行動が見えてくる。それを積み重ねていくと、確実に描いた未来へと近づいていける。だからこそ今は、勉強をする前に、『勉強の仕方を勉強しなさいよ』ということよ」

「…は、はぁ…」

「お前な、今俺が、『何を当たり前のことを言ってるんや』って思ってるやろ？　でもな、これは大人でも思ってる以上にみんなやってしまっててな。『頑張るために、頑張る』っていう、本当ならやらなくてもいい無駄なことをやってしまっていたり、組織や社会のルールに縛られてしまっていたり。それに対して、まずは疑問を持つことからすべては始まんねん。与えられたことや、言われたことに対して、ただ『はぁ、そうですか』と言って受け入れているだけじゃ、機械と変わらん。どんなことに対しても、常に疑問を持て。そしてそれに対して、もっと良いやり方がないのか？と考える癖をつける。それが『生きる』ということであり、その積み重ねが結果に差を出し、他者と自分の『違い』を作る」

＊

そうして父に言われた言葉に従い、先生が授業の中で、『ここが大事』と言うポイントに注目したり、過去問やミニテストで、出題されてきた問題を重点的に、普段から勉強してみました。

するとものの見事に、成績が上がっていったのです。

まずは英語の成績が、元々50点ぐらいだったものが、90点を優に超えるようになり、そして英語という、『得意技』が生まれたことによって、それが幹となり、英語で身に付けた勉強法と、『俺は出来るんだ』という自信が、さらなる挑戦へと足を向け、枝葉である、国語や数学、理科、社会などの、他の教科にも転用され、本当にみるみるうちに、成績が上がっていき、下から数えた方が遥かに早かった僕の成績は、学年で上から10位、という成績に変わっていました。

父は常々、僕らに言っていました。

「勉強に限らず、人生において、どんなことでもそうよ。ええか？　世の中、頑張ればいいってもんじゃないねん。勉強でも仕事でも、『頑張るために、頑張ってはいけない』し、『努力のために努力』しても意味ないねん。『昨日全然寝てません』とか、『〇〇時間勉強しました』ってことを、自慢げに言う子がいてるけど、言ったら悪いけど、そんなんただの自己満足でしかなくてな。『その努力や頑張りは何のためにあんねん？』ってことを、常に意識してみ。そうしたら少しずつ行動が変わっていって、面白いぐらい、結果が出るようになるから」。

それでも努力は裏切らない

「頑張る前に、頑張り方を知る」。

父のその教えによって、勉強の世界で最短距離で最大の結果を出すことが出来た、中学生の頃の僕でしたが、その過程の中で、僕はどうしても行きたい高校を見つけていました。

かつての自分なら考えられないような、高望みの学校でも、今の自分なら…。

そう思って自信とともに、「いざ志望校へ」と、臨んだ高校受験。

…結果は、『不合格』でした。

何がダメだったのか、分からず…、悔しくて、悔しくて、涙が止まりませんでした。僕はこの時までは、ずっとずっと信じていました。「努力は必ず報われる」と。

しかし、現実はそうではないこともあります。

大人になった今ならまだ理解出来るようなその言葉も、この時の僕は、まだ中学生。理解なんて出来るはずもありませんでした。

結局中学生の時の僕はその後、志望校ではない高校に行くことになったのですが、やはり「全力でやっても、出来なかった」という経験は、心に消えないダメージを残しそうになっていました。

「次に挑戦しても、また出来なかったらどうしよう…」。

そんな思いが心を支配しようとしていた、その時でした。

高校入学前に、父が傷心の僕を外に連れ出し、話をしてくれました。

「お前な、今回は望み通りの結果じゃなかったかもせーへんけど、全然落ち込まんでええからな」

「………」

父の言葉は優しく、それでもまだ受け入れがたい現実に、素直に「分かりました」と、言えない自分がいました。

「ええか。人生生きてりゃな、思い通りにならんことは、いくらでもある。望んでいた結果が、手に入らんことも、山のようにある。でもな…」

その後の父の言葉を、僕は今でもずっと忘れられません。

「それでも努力は、絶対に裏切れへんねん」

「………」

どういう意味なのか分からず、俯く僕に、父は優しく説明してくれました。

「欲しいものが、本当に欲しかったものとは限らない。いざ手にしてみたものの、『こんなはずじゃない』と思うことも、多々ある。逆に目標を達成してしまうことによって、そこで満足してしまって、次の挑戦をしなくなるなんてこともある。人生というものはな、そういう風に、過去も未来も含めて、『トータル（総合的に）』で見てみないと、何が正しかったかなんてわからへんねん」

「………」

「だからな…お前が今日までやってきた努力、これまでの道のり、そして今の結果、これからの未来は、絶対に無駄なものではない。いつか必ず、『この道で良かったんだ』と、『この道だから良かったんだ』と思える時が、やってくるから。だから今は、これまで頑張ってきた自分を誉めてあげてな、今の結果に誇りを持て。お前は本当によくやった」

「……うっ……うっ……」

…父のその言葉を聞いて、僕は溢れる涙を止めることが、出来ませんでした。

そして中学を卒業し、進んだ高校生活。父の言葉は現実となりました。

まず僕は、思い描いていた志望校よりも、偏差値で言うと、下のランクの高校に入ることになったのですが、それによって思いがけない現象が起きたのです。

僕は入学早々、その学校で成績が、学年トップになっていました。

その後もそこの高校で常に、僕は成績がトップクラスに位置していたため、

高校受験の次の大学受験の時に、普段の学校での成績が大きく加味される、「推

薦試験」を受けることが出来、その結果として、通常の一般試験で受けたとしても、遥かに手の届かなかったであろう、慶應、早稲田と並ぶ、東京の「上智大学」に合格することが出来たのです。

「それでも努力は裏切らない」。

例え望んでいた結果が手に入らなかったとしても、努力は絶対に裏切らない。今の僕らには分からないような、まるで『神の采配』のごとく、積み重ねてきた努力は、『何らかの形』で、確かに未来に大きな花を咲かせてくれる。
その時、確かに言える言葉があります。

「この道で良かったんだ」と。
「この道だから良かったんだ」と。

お金のブロックの外し方

「それでも努力は裏切らない」。

その言葉とともに進んだ大学生活では、僕自身にとって大きく人生を変えるきっかけとなった、新宿駅東口でたった1人でのゴミ拾い活動が始まりました。

どこか悶々とした大学生活に、「自分を変えたい」と思い、背中に「一緒に掃除してくれる人募集！」と書いた看板を背負って、毎朝6時から始めた活動でしたが、最初は怖い人たちに嫌がらせをされたりしながらも、続けていくうちにホームレスから始まり、一人、二人…と仲間が増えていき、やがてその活動が全国的に広がっていくうちに、多くの新聞やテレビに取り上げられ、全国の学校で講演会をするようになったり、本を出版するきっかけにもなりました。

その結果として、就職活動をする頃には、有り難いことに、本当に数多くの企業から、逆にオファーをもらうことが出来ていて、その中には、誰もが知るような大企業の名前もありました。

ここでも僕は改めて、かつて父が言ってくれていた、「それでも努力は裏切らない」。その言葉の意味を、強く噛み締めることとなりました。


しかしその時の僕には、「就職」という選択肢はありませんでした。

4年間の大学生活、そしてこれまでの人生の中で、僕はそんな道を歩きたくなっていたのです。

『自由に生きる』。

しかしそのような道を歩むには、同時に大きな問題がありました。

そう。生きていくためには、「お金」を稼がなければならないのです。この誰もが一度は必ず直面する、「お金」という問題に、22歳の僕もまた直面しました。

そう考えた時にふと、ある日父が僕に言ってくれた言葉が、頭をよぎりました。

＊

「お前な、社会に出たらしっかり稼がなあかんで」

「はぁ…そうなんですか？」

「当たり前やんけ。ハッキリ言ったらな、『私は稼げなくてもいいです』なんて、言ってるやつは、『お金』から逃げてるだけや。自分に稼ぐ力が無いからな、『お金を汚いもの』として、『お金を稼ぐ人を悪い人』として認識することで、無理やり自分自身を、納得させているだけの話や」

「でもどうして、稼いだ方が良いんですか？」

当時ゴミ拾いというボランティア活動をしていた僕にとって、正直その対極にあるお金を稼ぐという行動に、心のどこかで抵抗があったのが事実でした。

「お金を稼ぐという行為はな、本当にたくさんの人を、幸せにすることが出来るんや。それを稼ぐために、生み出す会社や事業。それがあれば、多くの人の雇用を生むことが出来るし、会社を成長させて、従業員にたくさん給料を払うことが出来たなら、その家族の幸せな未来を作っていくことも出来る。その結果として、従業員の子どもを習い事に通わせたり、行きたい学校にも行かせてあげられて、やりたいこともやらせてあげられる。まずはそういう風に、お金に対する認識を変えることや。認識を変えることが出来たなら、『稼ぐ』という行為に抵抗が無くなる。抵抗が無くなれば、思考が変わる。思考が変われば、具体的に稼ぐためのアイディアや行動も浮かぶようになってくる。お金を稼ぐことが出来る人間や経済的に成功できる人間というのは、そもそもそういったお金や富を生み出すことに対する思考や認識が、他の人間とは違うねん。だから、『1か月フルタイム働いて、お給料○万円』といった、1つの考え方だけに縛られることなく、稼ぐための様々な方法やアイディアを生むことが出来る。その方法やアイディアのすべては、思考や認識の違いが源泉となってやってくる」

「…確かに…」

「そうしてまたみんなで力を合わせて、たくさん利益を出せば、社会に税金として還元することで、見えない多くの人の力になることも出来る。自分自身がお金を稼ぐことで、そんなにも素晴らしい未来が待っているのに、もし従業員を持つ経営者や家族の長である父親が、『別に私は稼がなくてもいいです』とか、言ってみ？　それはただの責任放棄であり、『自分自身に稼ぐ力がない』、というのを、認めたくないだけやで」

「………」

「だから、しっかり稼がなあかん。稼いで、稼いで、自分の周りのたくさんの人を、幸せにせなあかん。その輪を少しでも、大きく広げていくんや」

＊

その言葉のおかげで僕は、ある意味お金を稼ぐということに対するブロックを外すことが出来たのですが、しかしだからと言ってもちろん、それだけで大きく収入が入るわけではありませんでした。その時の僕は講演会を開いたり、本を書いたりと、一人で暮らしていく分には問題はない程度の収入があり、また自由でもあったため、特に生活に不満もありませんでした。

しかしそんな折、23歳にして僕は大学時代から交際していた彼女と結婚することとなり、その時、『大富豪 父』は、僕に大きな試練を与えるのです。

妻の美しさは男の責任

結婚を迎えるにあたって、父はある日、僕にこう告げました。

「えぇか、これだけは覚えとけ」

「…はい」

「俺にとってお前は、大切な息子や。それはわかるな?」

「…はい」

「ならお前が今度結婚する、○○(妻の名前)の親御さんにとって、○○とはどういう存在や?」

「…同じように大切な存在…」

「そうや。○○が産まれた時の喜びや、初めて歩いた時の感動。見届けてきた卒業や、節目で流してきた涙。そんな過去に思いを馳せて、人様にとっての大切な存在を、お前が申し受けるんやから。中途半端な覚悟では、あかんぞ。絶対に幸せにすることを誓え。それが結婚するということや」

「は、はい…」

「それともう1つ。俺からお前に伝えられることは、結婚をする以上、女をいつまでも綺麗でいさせる、男でないとあかんぞ」

「…どういうことでしょう?」

「そのまんまや。金銭的事情や、出産や育児、その後の家庭的事情、夫婦仲。そういった一つ一つで、『苦労』をさせ続けてしまうことで、女性は一気に老けこんでしまうんや。いつまでも女性は内面から輝き続ける、『女』でいさせなあかん。それをさせるのも、男の器やということや」

「男の器…」

ここからが、父の教えの真髄でした。

「くれぐれも、お金で苦労させるようなことはしたらあかんぞ。子育てで疲れさせるようなことをしたらあかんぞ。一番大切な存在やからこそ、いつまでも、いつまでも、『綺麗やな』、『かわいいな』っていう、言葉がけをすることを忘れるな。間違っても、『疲れた』、『老けた』、『私はもうおばちゃん』、そんな言葉を絶対に、言わせるようなことをするな。えぇか？　嫁さんというのは、これからお前と一生を添い遂げる、『大切』な宝物やねんからな。決して自分のことだけを考えず、そんな大切な宝物を、一生輝かせ続ける男であれ」

「…は、はい」

「嫁さんがいつでも笑っていてくれていたなら、必ずその家は幸せになれるから」

父のこの言葉を聞いて、僕は結婚を迎えるにあたり、強く気を引き締め直すことが出来ました。

男は結婚して一度生まれ変わり、子どもが産まれて、もう一度、生まれ変わると言います。

「まずは金銭的に妻に、絶対に苦労をさせない男になる」。

そんなことを考えていた僕の思いを見透かすように、その時ちょうど父が電話をかけてきました。

4000万の借金が出来ました

「…もしもし」

「お前、結婚する言うても、今のままじゃ金銭的に無理やろ」

「………」

そしてその言葉が、めちゃくちゃでした。

「だからお前、来月からラーメン屋の経営せぃよ。じゃあな」

「はいっ⁉⁉⁉⁉」

…ブッ…。

そして、ここからでした。

通常この話の流れだと、お金持ちの父が息子のためにお金を出してくれてそのラーメン屋のオーナーに、僕がなったと思われるのでしょうが、実際の父はそんなに甘くなく…、この電話から数週間後…。

僕は4000万円の、借金を背負わされていたのです…（泣）

*

結婚をしたものの、その時の僕は講演会をしたり、本を書いたりと、それだけでは安定とは程遠い仕事をしていたため、実際は相手方の親御さんにも、経済的な心配もされていました。

相手方の大切な存在を申し受け、なおかつその存在をいつまでも綺麗で輝かせ続ける、そのためには、しっかりと稼がなければならない。

そうして、2010年6月。

借金4000万円という所から、僕の『ラーメン屋経営者』としての、人生は始まりました。

しかし肩書きは「経営者」とはいえ、ハッキリ言って、僕にラーメン屋の知識やノウハウはありません。さらに言うならば、僕が開業する店舗は元々、全国的に展開している大手ラーメンチェーンが閉店した後を買い取って改装した店舗であり、スタッフもほとんどがそこから引き継いだ方ばかりで、そのため必然的に経験も年齢も、24歳の僕より、遥かに上の方たちばかりでした。

いくら社長の息子と言えど、「生まれ」だけでやっていけるほど、経営、ビジネスというものは甘くありません。

結果、お店をオープンしてからずっと、店舗にもめ事が絶えることはなく、40歳や50歳の職人さんたちは、僕のことを決して経営者として認めず、アルバイトやパートさんたちも、違う方向を向いて、バラバラの状態が続きました。

一体、どうすればいいのか…。絶対に失敗だけは出来ない。ここで僕がつまづいたら、残るものは「4000万円」という借金だけ。何とか打開策をと思って、色んな手を打ったものの、そのすべてが空回りに終わり、ますます客足も人の心も離れていきそうになっていきました。

しかし心底、この店を何とかしたかった。そのために今の自分に、必要なことを知りたかった。

＊

ある日、見かねた父に僕は会社に呼び出されました。

きっと叱られる…。そう思い、俯き、暗い顔をする僕に父が言いました。

「お前な、何のために仕事してんねん？」

「何のため、とは…？」

「だからお前は今、『何のためにラーメン屋をしてるのか？』って話や」

「………」

その質問に、咄嗟に答えられない僕に、父は言いました。

「それが答えられへんというところが、お前が今抱える問題の全てや。ええか？　従業員というのは、よく経営者のことを見てんねん。この人は一体どんな人なんやろう？　どこを目指してるんやろう？　自分達をどこに、連れて行ってくれるんやろう？ってな」

「………」

「これだけ仕事が溢れている時代や。選ばんかったら別に、どこでも働くことなんて出来る。でもその中で、敢えてお前の店で働く理由は何や？　そこに何の『やりがい』がある？　その先に何がある？　それを経営者であるお前が、示されへんということは、従業員はお前には、ついていかれへんということや」

「敢えてこの店で働く理由…。やりがい…」

その後の父の言葉、その時の経営者としての表情は、今でも鮮明に覚えています。

「経営者や上に立つ者の役割は、従業員やスタッフに、『未来』を見せることや。それが出来ずに、自分のことしか考えていない経営者やったら、下の子らがかわいそうや」

「………」

その時の僕は、確かにそうでした。

「借金4000万円」。

これしか僕は見えていませんでした。この借金を返すことしか考えておらず、「その先」を、まったく見据えていなかったのです。

「この人は、自分のことしか考えていない」。

そう言われてしまえば、確かにそうなのかもしれません。そんな経営者には、誰もついていきたくはありません。

「何で別に恩義があるわけでもない、お前の借金返済のために、俺らが働かなきゃいけないんだ」。

そう言われても、何も返す言葉がないのです。

借金の完済というのは、あくまで目標に進んでいく中での、「過程」のことであり、それは決して「目標」ではありません。

そう考えたその時に、今も働いてくれている、スタッフの顔が浮かんできました。

同時に申し訳なくて、涙が溢れてきました。涙を流す僕に、父が優しい言葉で言いました。

「本来はな、スタッフや従業員という存在は、遅刻もせずに、無断欠勤もせずにな、働いてくれるだけで、有り難いんや。経営者と言えども、俺もお前も、みんな人間。みんな未熟や。そんな未熟な自分なんかについてきてくれる。そう考えたら、それだけで有り難いと思えて、感謝の気持ちが湧いてけーへんか？」

「…はいっ…。本当に…その通り…です…」

「一人一人の顔を思い浮かべて、その人生の背景に、思いを馳せる。それぞれに家族がいて、それぞれに幸せになりたい、という思いがあって、それぞれに、これからの未来がある。そんな一人一人の未来を、お前が預かっているという、気持ちをしっかり忘れず、しっかり導いてやってくれ。それが上に立つ者の使命やからな」

…この時、僕はもう溢れる涙を止めることが出来ませんでした。

＊

この時以来僕は、従業員やスタッフさんたちに、未来を語り続けるようにしました。

「何のために、この店があるのか？」、

「俺たちはどこを目指すのか？」、

「みんなにどうなってほしいのか？」。

その中で僕が出した結論は、こうでした。

「みんなにとって、ここで働けて良かったという職場を作ること」。

全く未熟な若造である自分なんかについてきてくれる従業員のために、そんな未来を作っていくことが、経営者である僕自身の役割だと、思えるようになったのです。

「だからこそ、みんなもお客さんを喜ばせてほしい。その先に皆も幸せになれる未来があるから」。

目標を掲げると、僕自身の使う言葉も、その重みも変わり、そうして組織は、少しずつ変わっていきました。

経営を始めて、今で丸9年。おかげさまで一昨年、4000万円の借金を完済することも出来、店舗数も増え、従業員数は50人以上を越えるようになりました。

子育てで大切なこと

僕にも、子どもが出来ました。

23歳で結婚して、子どもが出来たのが30歳。7年間、ずっとずっと子どもが欲しくて、紆余曲折を経て、ようやく出来た、待望の子どもでした。

この時のためにわざわざ、お祝いに大阪から東京まで、出向いてきてくれた父が息子の顔を見ながら、新たに父となる僕に語ってくれました。

「お前もこれから父親か」

「はい」

「子育てにおいて、一番大切なことって何やと思う？」

「…子育てにおいて、一番大切なこと…。『感謝』でしょうか？」

「まぁ、確かにそれはそうや。ただ『それも含めて』、大切なことがある」

「…なんでしょう…」

「子どもを育てる上で、大切なこと。それは、『まっすぐ素直に育ててあげる』ことや」

「………」


一見普通に思える、父のこの言葉の意味は何でしょうか？　疑問に思う僕に、父が続けました。

「子どもは産まれてから、右も左も分からない中、何を見て、言葉や行動を覚えていくと思う？」

「…親…ですか？」

「そうや、親や。子どもは親を見て、言葉を学び、親を見て、行動や生き方を学んでいく。それぞれ性格の違いがあるとはいえ、子どもの人生の根幹を、形作るのは、99％が親の影響や。ということは、どういうことか？」

「…？」

「『素直に、まっすぐに』、育ててあげることが、一番大切なことで、子どもにそうさせてあげることが、親にとって一番大切なことやということや」

「…少しまだ、よくわからないのですが…」

「綺麗なものを見て、素直に『綺麗』と、言える心を養う。親切にされて、素直に『ありがとう』と、言える心を養う。目の前で人が転んだら、咄嗟に駆けつける心を養う。そういった心があれば子どもはいずれ親元を離れても、たくさんの人に愛されながら、助けられながら、自分の足で、自分の心で、素晴らしい人生を、生きていくことが出来るんや。その逆に…」

「………」

「綺麗なものを見ても、素直に『綺麗』と言えず、何かしら文句をつけたくなる心。親切にされても、素直に『ありがとう』と、言えない心。目の前で人が困っていても、自我を優先させてしまう心。そういった風に、子どもの心を作り上げてしまうと、それはいずれその子の人生で、多くのトラブルを抱えさせることになる。そしてそういった子どもの心を、どっちに育て上げるかは…」

「………」

「すべて普段からの親の態度であり、言葉がけであり、『生き方』そのものである、ということや。だから親は自覚を持って、普段からその背中を、子どもに見せていかなければいけない」

そう言うと父は、ニコッと笑って言いました。

「まぁ色々言うたけどな、お前が一番良い人生を送れ。子どもがお前を見て、

尊敬出来るような、『お父さんのように、お母さんのようになりたい』と、そう思える人生をな。それが子どもにとって一番の、『人生の教科書』になるから。本当におめでとう」

空手や受験、ゴミ拾い、そして結婚、ラーメン屋、子育て…と。人生の節目、節目で、僕の人生に脈々と流れ続けてきた、『大富豪 父』の教えによって、僕はこれまでの人生を、幸せに生きてくることが出来ました。

そしてそれは、これからもずっと、続いていくものだと思っていました。

しかし、終わりは突然やってきました。

大富豪 父の教え
最期の2週間

２０１８年４月１日。

「お父様の命は、もって後１か月。早くて、２週間です」

医師からの言葉は、僕ら家族がまったく想像もしていない言葉でした。

数年前から内臓の病気を患っており、この年に入ってから急激に体調が悪くなり、2月の末に入院。しかし当初は緩やかに回復していくと伝えられていた症状は、日を追うごとに悪化していき、どこかおかしいと感じていた矢先の、医師からの言葉でした。

しかし医師にとってもまた、想定外のことだったのでしょう。極力感情を見せずに淡々と伝えようとする表情とは裏腹に、震える手が印象的でした。

＊

父の命が今、終わろうとしている。

誰しもがそうだと思いますが、僕もまた「親」という時計の針は終わることなく、永遠に刻まれ続けるものだとどこかで錯覚していました。

＊

医師の言葉を聞き、現実を受け入れなければいけないと思いながらも、どこか現実味がなく、定まらない心のまま、母と兄とともに病室の廊下を歩き、父の病室に入りました。

父は起きていました。

意識には波があり、朦朧としている時もあれば、鮮明な時もあるのですが、

この時は病室のベッドから外の景色を眺めながら、僕らが部屋に入って来たこ

とを認識すると、僕らの方に顔を向けて言いました。

「先生、なんて（言ってた）？」

「………」

「いつ、退院出来るって？」

「………」

こんな時に選択を家族に委ねられるということほど、酷なことがあるのでしょうか。

何も言わない僕らの様子を不思議に思ったのか、それとも何かを察したのでしょうか、父は話題を変えて、僕らに言いました。

「今日は、1日…か…ご先祖様の日はやったか…？」

「あっ…はい…」

「そうか…俺がもし死んだとしても、ご先祖様の日だけはちゃんと、やらなあかんで」

「そんな、縁起でもない…」

…こういう時についごまかしをしてしまう弱さこそが、人が人である由縁なのでしょう…。それとも父は自らの運命を悟っていたのでしょうか…。

母はたまらずに目に涙を溜めたまま、部屋の外に出て、そうして一人俯く僕に、父は続けて言葉を発しました。

「…これからな、俺がお前に話すことは全部、遺言やと思って聞けよ。人生で大事やと思うことを、全部お前に伝えるから…」

その言葉と同時に、高鳴る心臓の鼓動が止まりませんでした。反射的に嫌だと思う気持ちと、その中にある、これをすべて聞いてしまうと、すべてが終わってしまうのではないかという恐怖。

しかし聞かないという選択肢は僕には出来ず、気付けば僕は吸い込まれるように、ベッドの脇のイスに腰を下ろし、父の手に両手を添えました。

そして、『大富豪 父と過ごした、最期の2週間』が始まりました。

4月1日 生きていく力

「生きていく力を…身に付けなあかん…で…」

「…え？」

「生きていく…力や…」

表面上は何とか取り繕いながらも、しかしまだ正直心の整理もついていないない僕に、父の言葉は突然でした。

「ど、どういうことでしょう…？」

「これからな…、お前たちが生きる時代は、大変な時代になると思う…。少子高齢化に、人手不足、それによって市場も縮小していくやろうし…、税金も上がるやろう…。少なくとも、俺たちが生きてきた昭和、平成の時代より厳しい時代はやってくる…」

「………」

「でもな、いつの時代も、今よりもっと厳しい時代でも、人はみんな生きてきたんや…何でか分かるか…?」

「…どうして、でしょう…?」

「それはな、最悪の未来を予測しながら、最善の今を生きてきたからや…」

「最悪の未来を予測しながら、最善の今を生きる…」

「いつの時代も、時代は常に動いていてな…。そんな中でもついついみんな、安定を求めて生きてしまうけどな…。安定を求めた先には、安定はなくて…。成長を求めた先にこそ、安定はある…。時代を常に生き抜いてきた人間というのは、そういう風に常に、最悪の未来を迎える覚悟の上で、最善の未来に変えていくための、行動をしてきた人間なんや。それも、実際に事が起きる、ずっと前の時から、ずっとな…」

「………」

「俺の時代もそうやったけど…。バブルでみんなが浮かれてる時に、『こんな時代が長く続くわけがない』とどこかで思ってたから、そんな時にこそ汗水流して働いてた…。その時は周りから、バカにもされて悔しい思いもしたし、嫌な気持になることもいっぱいあったけど…。思えばあの時、周りが浮かれてる時に地道に努力をしてきたおかげで、その後日本が不景気になっても、会社が傾くことなく、逆に成長して、生きてこれたな…」

「………」

「それがな、最悪の未来を予測しながら、最善の今を生きるということやねん…。そうやって生きていけたなら、未来がどう転んだとしても、そこにはしっかり台風が来ても倒れない大木のように、地に足付けて、根を張り、成長した自分…、要は『どこででも、生きていく力を身に付けた自分』が残るわけでな…。その結果として、これから先の未来で、どんなことがあったとしても、その時に家族や、一人でも多くの、大切な人を守ることが出来る…」

「…はい…」

「次はお前がそんな男にならなあかんで…」

「次は」。

そう言った時の父の表情は複雑で、その感情を読み取るのは、今日この一日で色々ありすぎた僕には難しかったのです。何より心と頭が、今この現実についていくだけで、必死でした。

そんな僕の表情を逆に読み取ったのか、見た目や生き方とは裏腹に、普段から繊細に、人に気を遣う父は言いました。

「今日はもう帰って、また明日おいで…。俺も疲れたから、もう寝るわ…」

そう言ったその瞬間、父は本当にスイッチが切れたかのように眠りに落ちました。

もしかしたら父は本当に自らの最期を自覚して、最期の命の灯とともに、僕に人生を生きる上で大切なことを教えようとしてくれているのかもしれない。


病院からの帰り道、脳裏に浮かぶのはこれまで父と過ごした思い出ばかりでした。小さな時に遊園地に連れて行ってもらった時のこと…、家族で食卓を囲んだ時のこと…、必死に母と二人、仕事に取り組んでいた時の姿…、小さい時に叱られた時のこと…、その逆に、頭を撫でて誉められた時のこと…、大きくなってから、生意気にも言い返してしまった時の悲しそうな顔…。

その一つ一つの記憶が甦り、もうそれすらも残りが少ないという現実に、心が張り裂けそうになりながら思いました。

もっとお父さんと、一緒にいたい。

——残り13日。

４月２日
人に愛される人は必ず成功する

今日も朝早くから、父の病室にやってきました。残された時間が少ないという現実は、１秒でも長く父と時間を過ごしたいと、否が応にも僕に行動を促すのです。

病室についた時、父はまだ眠っていました。

その寝顔は穏やかで、時折かく大きないびきも、普段と何も変わりません。

本当にこのまま元気になっていくのではないかと、思えるほどでした。

＊

お昼前になって、父は目を覚ましました。

「おっ、おぉ…。来てたんか…」

「あっ…うん…」

「………」

しかし父はそう言った瞬間に、再び眠りに落ちました。

医師からは痛みも苦しみもある症状ではありませんが、意識がはっきりとしている時間は、日を追うごとに短くなると告げられており、確かに感じるその現実に、心が痛くなりました。

その後父は2時間ほど経って、目を覚ましました。

「身体が痛い」という父に、その背中や腰をさすったりしながらも、きっとずっとベッドに寝ていることから、身体が固まっているのかもしれないと思い、僕は車椅子で病院の庭に出ることを提案しました。

「せや……なぁ……。久しぶりに外行こか……」

＊

父の車椅子を押しながら出た病院の庭には、きれいな桜が満開に咲いていました。

「お父さん、桜がほら、きれいだね」

「………」

何か思うことがあるのでしょうか。父は僕の問いかけにも無言で答えず、真剣な眼差しで、桜の木を見つめていました。

「…お父さん…？」

僕のその問いかけに父は、震える手を顔の前に持っていき、その手を見つめながら言いました。

「まさか、自分の人生に、こんな日が来るなんて、な…」

「………」

「よく言われることやけど、色んなことが自由に出来へんようになってから、『あれもしたかった、これもしたかった』って、思うねんな…。そんなこと、とっくに分かってたはずやのにな…」

「…お父さんは、何かやり残したこととか、後悔とか、あるの…？」

「…どうやろうなぁ…。仕事で成功して、家族や従業員にも恵まれて、有り難いことに色んな人に囲まれた人生で…。そう考えたら、後悔も何もないはずなんやけどなぁ…。こうしてこれまで何度も見てきたはずの、満開の桜を見ているとなぁ…」

そう言った父は、本当に自らの終わりを察していたのかもしれません。うっすらと目に涙を浮かべながら、桜の木を見つめていました。

「こうして…自分一人で自由に何も出来なくなって思うけど…。やっぱり人は一人では生きていかれへんねんな…」

「それ、いつもお父さん、言ってましたね…」

「せやな…。俺の人生、本当に多くの人に支えてきてもらった…。おかげさまで色んな人に、『荒川さん、すごいですね』、『大成功しましたね』って言ってもらってきたけど、本当に全部一人では出来へんことばっかりやった…」

「……」

「真のリーダーに必要な能力って、何やと思う？」

「え？」

突然の予想もしていなかった父からの言葉に驚きながらも、僕は答えました。

「真のリーダーに必要な能力…。何だろう…？　人と違う能力とか、飛びぬけた知識とか、才能とか…？」

僕がそう言うと、父はフッと笑って、言いました。

「お前な、それは違うで。真のリーダーに本当に必要な能力とは…」

「…？」

「人に愛される力や」

「人に…愛される…力…。…お父さん…ちょっとだけ待ってくださいね…」

「…？」

そして僕はカバンの中からＩＣレコーダーと、ノートとペンを取り出しました。この話、そしてこれからの父の話はすべて、一言たりとも聞き逃してはならない、改めてそう思ったのです。

「…お前、そんな大げさな…」

父は苦笑しながら、そう言いました。

「…お願いします…」

「…まぁええわ。…お前も仕事をしていけばな、分かると思うけど、どれだけ優秀な人間であっても、１人で出来ることにはやっぱり限界があってな、１の力はどこまでいっても１やねん。大事を成し遂げるためには、自分以外の何百、何千、何万という人たちの力を借りる必要がある。たくさんの人が集まれば、そこにエネルギーも集まり、やがてそれがぶつかり合って、混ざり合って、そこに社会や人生を変革させていく、大きなエネルギーの渦が生まれていく。スーパースターがなぜあれだけ大きなことを出来るかというとな、そこにはスーパースターとなるべく人間がそのパフォーマンスを発揮することで、それを見たその人間以外の何百、何千、何万、何十万、何百万人という人たちからの、『彼にもっと成功してほしい』、『上手くいってほしい』、『ありがとう』という、感謝や祈りのエネルギーが届けられるから、さらに高みへと登っていけるねん。**リーダーとは大なり小なり、そのエネルギーが集まるための目印となる存**

在でいなければあかん。どんな形であれ、『自分はこうしたいんや！』という『志』という旗を掲げて、たくさんの人を導ける存在であるべきやねん。決して自分一人であれもこれもと、全部やろうとする存在である必要はない。そこを勘違いしたらあかんねん」

「…はい…」

「だから人生で大きな成功を成し遂げるためにはな、自分と、そして自分以外の多くの人たちが喜んで働ける仕組みや環境作りに注力をせなあかん」

「…そっか…。そんなこと考えたことなかった…です…」

そう言うと父は、自らのこれまでの人生を少し振り返ったのでしょうか。そこには、経営者として一時代を築き上げた男の顔がありました。

「愛されるための仕組みや組織を作ろうと思えるそもそものエネルギーも、そこには必ず、『一人でも多くのお客さんを喜ばせたい』、『従業員を幸せにしたい』という愛が根源にある。要は、**人を愛する気持ちが志に繋がり、人を愛する気持ちが愛されることに繋がる。**俺も大好きな幸之助さん（※パナソニック創業者 松下幸之助氏のこと）が、自分の母親たちが家事に追われる姿を見て、『日本中の母親を家事から解放してあげたい…』という思いで、パナソニックという世界的家電メーカーを作ったようにな…」

「…はい…」

「だからお前も、大事を成し遂げようと思うのならば、良い意味でな…、自分一人の力の限界を知り、人に頼ることの大切さを知らなあかんで…。間違っても、何でもかんでも自分一人でやろうとして、そのくせ『俺はこんなに頑張ってるのに、俺以外、誰も動きやがらへん！』とか、自分勝手に怒り狂う器の小さい経営者やリーダーになったらあかんで…。それは自分が、『俺は人を活かすことの出来ないリーダーです！』と宣言してまわってるのと、一緒…やからな…」

「……」

「一人一人みんな持っている性格や特性が違う人生の中で、どれだけ多くの人の可能性を受け入れて…、その可能性を伸ばしてあげることの場づくり、器づくりが出来るか、それが本当の経営者、リーダーに求められている力やからな…。決して、リーダーは自分が頑張ればそれでいいってもんではないし、自分の相性と合う人間とだけ仲良くしてればいいってもんじゃないからな…。大きな夢や志という名の旗を掲げ、そのもとに作り上げた器の大きさの分だけ、お金も人も、幸せも、流れ込んでくるから…」

「…はい…」

「それにしても桜、きれいやな…」

「………」

「俺は幸せやった…。経営者仲間でもな、仕事に没頭する余り、家族との時間も持たず、こんな満開の桜の綺麗さや、見たこともない景色に感動する心を忘れてしまっていくうちに、気付けば家族の心も離れて、仕事は上手くいっても何が幸せなのかを分からずに、晩年を迎えてしまった人らもたくさん見てきた…。お前もな、頑張る意味や努力の意味を見失ったらあかんし、絶対に忘れたらあかんで。人生は楽しむためにあるからな。でもそれも、家族や友達、従業員、お客さん、人がいてこそ出来ることやから。**いつまでも大切な人を、大切にな。**人を愛し、人に愛され、支え支えられ、思い思われ、たくさんの人との思い出に溢れた人生をな…」

父がそう言ったその瞬間、ふわっと柔らかい風が吹き、満開の桜の花びらを散らしました。

「きれいや…。本当にきれいや…」

もうすぐこんな話も聞けなくなるかと思うと、溢れる涙が止まらない。

――残り12日。

４月３日
心のブレーキを外していく

この日は午前中に仕事があったため、午前中は兄にお見舞いに行ってもらい、僕が父の病室に訪れるのが遅くなりました。

病室についた時、兄はつい先ほど帰った後のようで、父はベッドを起こして、母とともにテレビを眺めていました。

僕の姿を見るなり、父はニコッと笑って、言いました。

「そんな毎日来んでも大丈夫やで…。毎日、他のきょうだいも来てくれてるし、お前も仕事あるやろ…」

「…うん…」

「…まぁええわ…。ちょっと電話取ってくれへんか…」

その言葉に従い、僕は父に携帯電話を手渡しました。すると父は震える手で、ボタンを押して電話をかけ始めました。

「…おぉ、おはようさん」

電話相手は、自身の会社の従業員の方でした。数か月前に癌と診断されて、闘病していた方がいたのです。

この時父はもうすでに社長職を僕の兄に譲り、会長職となっていたのですが、自分自身がこんな状況でありながら、いつだって会社や、その従業員に対する心配の念を絶やしたことはありませんでした。

「…体調はどうや？　うん、うん…あんま無理せんようにな…。おぉ、わかった…」

そう言って電話は切れたのですが、父はいつもこうでした。自分のことよりも人に気を遣っていました。

経営者としての成功者と聞くと、どうしても能力的にもスーパーマンで、性格も、生き方も、小さなことを気にしない豪快な人と思ってしまうのですが、僕が小さい頃から見てきた父は、このようにいつだって目の前の従業員やそのご家族、さらにその先までに気を配り、時に子どもながらに見ていて、そこまで気を遣わなくても、そこまで優しくしなくてもいいんじゃないか？と思わせるほどに、常に繊細に気を遣っていたような、そんな人でした。

しかしだからこそ、昨日言っていたように、父は多くの人に愛されていて、そのたくさんの人からの気持ちがエネルギーとなって返ってきて、成功に繋がったのかもしれません。

「成功者こそ優しい」。

よく言われるこの言葉ですが、もし「成功＝幸せ」と定義するならば、昨日の松下幸之助さんの話と同様に、優しいということは、幸せに至るためのエネルギーが溢れてくる源泉であるように思えるのです。

「…ふぅ…」

「電話…終わりましたか…。何かしてほしいこととか、ありますか…？お茶でも淹れましょうか…？」

「ん…ない、よ。ありがとうな…」

父はそう言うと、フッとベッドから外へと顔を向けました。そして何か考え込んだ表情をしばらくした後に、呟くように言いました。

「お前もな、もっと自分のために生きなあかんで」

「…え？」

突然の父からの言葉に、何が何かわからず、困惑する僕に父はゆっくり、ゆっくりと言葉を続けました。

「俺のことをよく尊敬してくれてることも、よくわかる。それに対して、必死に親孝行しようとしてくれてるのもよくわかる。でもな、親というのは時に、その気持ちが辛くなる時もある、ということや」

「……。…どういうことでしょう…」

父が何を言いたいのか分からず、ますます頭が混乱しそうな僕に、父は続けました。

「**お前の人生は、お前の人生であって、俺の人生ではないということや。**これは中々みんな気付いていそうで、いなかったりすることやねん。特に家族仲が良ければ良いほど、な…」

「………」

「特に俺の時代もそうやってんけど、親の言うことは絶対やった。親が右って言えば右やったし。それこそカラスが白と言えば、白と言わなければいけない。そんな時代やった。でもそれってな、やっぱりおかしいと思うねん」

「…どういうこと、ですか…?」

「ついつい俺に限らず、親というのは子どもにやってしまいがちやねんけど、『こうしたら上手くいく』と、『こっちの方が幸せやから』と思って、子どもより先回り、先回りして、やろうとしてしまうやろ。でもそれって、**ただ子どもを型に嵌めてしまっているだけであって、その子の可能性を否定してしまっているのと一緒やねんな。**それは子どもに限らず、会社の従業員や部下の子たちに対してでも、そうやねんけど…」

「………」

「今きっとお前は、『親のため、家族のため』に生きることが自分の人生やと思っていると思う。じゃあ、俺がいなくなったらどうなる?家族がいなくなったらどうする？その瞬間、生きる目的を見失ってしまうような人生やったら、俺はそれはどれだけ親孝行をしてくれたとしても、親として悲しくて仕方がないと思うねん…」

「…でも、お父さんやお母さんに対して持っている、感謝の気持ちは嘘じゃないです…」

「そうじゃなくてな…。もちろん俺や家族を大切にしてくれる気持ちは嬉しいし、これ以上ない幸せやねんけど、それ以上に自分を大切にする気持ちを忘れないでいてほしい」

「………」

「…本来、感謝というものはしようと思ってもするものではないし、言葉に出してするものでもないねん。言葉に出してする感謝というものはな、どこかでまだ、『感謝をしなければならない』という感情が、表に出てしまっているねん。その感情すらも取り除いた時、そこに残るのは…」

「………」

「『何も無い、という感情』やねん」

「何も無い、という感情…」

「それは決して悪い意味でも、特別良い意味でもないんやで。『何も無い、という感情』というのは、**今さら『ありがとう』とか、『感謝してます』とか言う必要もないぐらいに愛しているということであり、信頼してますという気持ちのことやねん。**例えばお前の嫁さんに対する感情なんか、そんなんちゃうかな？」

…父のその言葉にふと妻のことを思い返してみたら、何となくわかるような気がしてきました。

確かに僕は妻のことを愛していますし、日々支えてくれるそのことに対して、表立って「感謝している」や「ありがとう」という気持ちを持とうと、思ったことなどありません。しかし確かにそこには、感謝の気持ちがあれば、ありがとうの気持ちもたくさんあるのです。

…しかし、それがいざ親になると…？

「俺も正直、そこで苦しんできたことがあったからな。『親に認めてほしい』って、『親に褒めてほしい』って。その感情があったから、努力もしてこれてんけど。でもそれって、どこまで行っても終わりがなくてな…。特に親が死んでしまった後なんか、もっとそうよ…」

「………」

「だからな、さっきも言った通り、親孝行をしてくれるのも、ありがとうという気持ちを持ってくれるのも、すごいうれしい。でもある時を境に、やっぱり子どもは子どもの人生を生きなあかんねん。いつまでも親の人生を生きたらあかん…」

「…そんな自覚は、今までありませんでした…」

「だからそれがある意味、俺が親として、心が痛むことでもある…。何か一つの事を成し遂げる秘訣にな、**心のブレーキを外していく**、ということがある。何かに一心不乱にエネルギーを注いでこそ、大事は成し遂げられるものなのに、その時に『家族の許可を取って…』とか、『親の意向を汲んで…』とか、例え家族のことでなくても『周りがどう…』とか、言うてられへん。もっともっと自由にな、もっともっと大きく、子どもは羽ばたいていかなあかん…。それを止める権利は親にだって、誰にだってない…」

「………」

「でも、これはな、お前のように産まれてから今日までのことやから、みんな中々、その違和感に気付けていなかったりする…。ましてや『親や家族のために生きる』ということが『善』やとする価値観の中で、ずっと生きてきたから尚更な…。そこに気付いて、これまでとは違う方向へと人生の舵を切るということは、勇気のいることでもある。**でも、それをしないと、いつまで経っても自分の人生を生きることは出来ひんねん…」**

「…はい…」

「お前に今、このことを伝えることが出来て良かった…」

そう言うと父は、スイッチが切れたように、眠りに落ちました。

――残り11日。

4月4日
人と自分の境目を無くしていく

昨日の父の言葉から、ずっと僕は考えていました。

「自分の人生を生きる」とは、どういうことなのか？

確かにそのことに対して、即座に答えを出せない今だからこそ、父は昨日敢えて僕に、あのような話をしたのかもしれません。

そんなことを考えながら、今日も僕は、父の病室の扉を開けました。

その時ちょうど父は看護師の方々と母に介助されながら、着替えを済ませていたあとでした。

看護師の方々に御礼を言う父は、必ず最後に、「○○さんはホンマにべっぴん（美人）さんやなぁ」という言葉を添えていました。元気な時から父はずっとそうで、どこの飲食店やゴルフ場などに行った時も男女関係なく、また決して下心も無く、一言相手が嬉しくなる言葉を添えていたのです。

もちろんそれを言われた看護師さんたちも満更ではなく、みんな嬉しそうな顔をしながら病室を後にしていました。

僕はちょうどその看護師さんたちと、すれ違いざまに病室へと入りました。

「いつも父がお世話になり、ありがとうございます」

「いいえ、荒川さんって、本当ユニークな方ですよね。看護室の中でも、いつも大人気ですよ」

僕のその言葉に、看護師さんたちは明るい笑顔でそう返してくれました。その言葉にどこか僕自身も嬉しくなりながら、父にさっきの看護師さんたちからの言葉をそのまま告げました。

その言葉に父は、少し誇らしげに笑い、いつものようにそのまま僕に話をしてくれました。


「お前な、『幸せを呼び込む方法』って、わかるか？」

「幸せを呼び込む方法、ですか…。やっぱり、明るさとか笑顔、ですかね」

「…じゃあ、切り口を変えて聞くけど、その逆に、『幸せを逃がす方法』ってなんやと思う？」

「ん…。『逆』だから、やっぱり暗さとか無表情とか、ですか…？」

「…そやな。それを多くの人がつい、してしまっている普段の行動に言い換えるなら、何やと思う？」

「つい、してしまっている行動に、言い換えるなら？　ん…悪口とか陰口とか、ですか？」

「まぁそれは、もちろんそうやねんけど。実はもっと気付きにくい点で一つ、幸せをたくさん逃がしている、決定的な行動があるねん。それはな…」

「…？」


『人見知り』やねん」


「人見知り…ですか…」

「人見知り。実はこの行動によって、物凄い数の幸せが、逃げてしまっていることに、多くの人が気付いていない。そもそも幸せって、誰が運んでくるものやと思う？」

「…いつかお父さんが言ってたかもしれませんけど、人…ですか？」

「そう、人や。人との出会いやご縁というのは、本当にわからなくて。今自分の目の前に現れた人が、自分が求めている幸せや、人生を激変させるきっかけに繋がるための、情報やご縁を持っていることって、絶対に可能性としてあるやん。お前だってそうやろ？」

その言葉に、ふと自分の人生を振り返ってみたら、確かに、「なぜあの日、あの時、あの瞬間、あの人に出会えたんだろう」と、そう思えるような出来事がたくさんあったことに気付きました。

「確か…にそうですね。何でこのタイミングで、こんな最適な人に出会うことが、出来たんだろうというご縁が、実は通っている、接骨院の先生の施術中の、他愛もない話からの繋がりだったり。団体での研修旅行の時に、たまたまバスで横に座った方が、自分の人生を激変させる情報をくれたり。そんなことは大なり小なり考えると、山のようにありますね」

「そういうこと。でもきっとそういうことってさ、その接骨院での話や、バスの車中での話が盛り上がって、その流れの中でお互いに気が合って、有益な情報やご縁をくれるわけやん。当然その逆にお前もその人たちに、何かしら与えてきてるはずやし」

「…そうですね。その人がたまたま、盛り上がった会話の中で、ポロッとした仕事の話で、僕が出来る有益な情報をお渡ししたり、自分の知っている人で、その人の力になってくれそうな人との、ご縁を繋いだりしたことはありますね」

「それがその逆に、その人にムスッとしながら、施術をされたり、バスで横に座っても、ずっと俯かれてたらどうする？」

「どうするというより、どうしようも出来ませんよね…」

「そういうこと。**『人見知り』というのは、実はそれだけで、自分が本来手に出来ていたはずの、幸せに繋がるご縁や情報の可能性を、出会った人の数だけ、逃し続けているということ。**ここに気付いて、自分から初対面の人に心を開けるか、それでもまだ、閉ざしてしまうのか。それだけで人生の結果は、数か月先、数年先で、大きく変わってくる。成功している人というのは、本質的にそのことを知ってるから、みんな目の前の人との出会いやご縁を大切にするねん。『一期一会』という言葉の通りな」

「本当に…そうですよね…」


「そう。だから決して幸せは、青い鳥が運んでくるものではなく、**今この瞬間目の前にいるその人が、運んできてくれるのかもしれないという可能性とその人への敬意を持って、人に接する。**そして自分も同時に、人に惜しみ無く、自分が持っているものや、与えられるものを与えていく。その可能性を、与えられ、支え支えられ、愛し愛され、その積み重ねによって、いつか必ずその人生に、幸せの花が咲く」

「…それもただ、『人見知りをしない』、ということだけですもんね」

「そういうこと。幸せになるというのは、存在もしない青い鳥を追うような、難しいことでは決してなく、**目の前の人を大切にする心。それだけでいい。**だからこそ今一度、自分から閉ざしている心の扉を開いて、前に歩み寄ってほしい。必ずその先には、見たこともない世界が、広がっているから」

父がそう言ったその時、食事を運ぶために、看護師さんが病室へと入ってきました。

「荒川さ〜ん、お昼ですよ〜！」

その後ろからゾロゾロと4、5人の看護師さんが列をなして、部屋に入って来ました。

「…なんや、そんな大勢で…」

「みんな、荒川さんに会いたい、会いたいってね〜。人気者だから」

「忙しいねんから、そんなん別にせんでええのに…」

そう言った時の父の表情は恥ずかしそうでありながらも、嬉しそうでした。

「でも荒川さん、お元気そうですね」

「…？」

僕もその時の看護師さんの言葉と同時に、何となく思っていましたが、言葉に出せない疑問が脳裏に明確に浮かんできました。

そう、父は素人目に見ても、元気になっているように思えるのです。

——それなのに、残り10日…？

4月5日
決断力を養う力

次の日、僕は午前中早めに、母と病院へ来ました。

父は朝の採血を終え、ベッドに横たわっていました。

「おはよう」

「お、おはようございます」

変な期待を持ちたくはないと思いながらも、しかし確かにここ数日、意識もハッキリとしていて、話す言葉も詰まることもなく、明確になっているのです。

ちょうどその時でした。担当医が僕らが来たことを知り、部屋へと入ってきました。

「ご家族の方々、少しよろしいでしょうか？」

「はい…」

＊

そうして別室に通された僕らは、良い意味で驚きの言葉を医師から聞きました。

「お父様の容体は少しずつではありますが、良くなっています。今朝の血液の数値を見ても、通常このようなケースですと、内臓の数値も日に日に悪くなっていくはずなのですが、下げ止まっている…どころか、良くなっています」

「ほ、本当、ですか⁉」

「…えぇ…。めったにこういったことはないので、私自身驚いています…」

「じゃっ、じゃあ！　このままいけば、退院とかは⁉」

「…不確かなことは言えません。…が、可能性はあると思います」

「あ、ありがとうございますっ！　ありがとうございますっ‼」

気付けば僕も母も、嬉しさのあまり、涙を流していました。

＊

そうして父の病室に母と戻りました。もしかしたら僕らの表情も少し崩れていたのかもしれません。その様子を見て、父が僕らに聞きました。

「先生、なんて（言ってた）？」

先生の言う通り、まだ不確かなことがあるから故、一瞬父に言おうか言わまいか迷いながらも、それでも咄嗟に言葉は口を突いて出てきていました。

「良くなってるって。このままいけば、退院できるかもしれないって！」

「おぉ、そうか…」

父もまた表情を崩しました。信じられないような、奇跡の瞬間がそこに遭ったのです。

実は病院での治療の他に、担当医の許可を取りながら、様々な治療法を家族で取り組んでもいました。

身体から毒素を排出するデトックスの機械や身体に電気を流して、細胞を活性化させるという機械、また気功の先生に来てもらったりと、一見怪しいと思われるようなことも、出来得る限り、家族で取り組んでいました。

もしかしたらそのどれかが効果があったのか、もちろん病院の治療が良かったのか、それとも父が精神を奮い立たせたのか、僕らにはその理由が分かりませんが、とにかく入院をしてから坂を転げ落ちるように体調が悪化していた父の容体は、ここにきて改善の様子を見せたのです。

「…なんや、嬉しそうな顔して…。元々そんな大した病気じゃあらへんやろうに…」

思い返せば、父にはもうその命が残り少ない、ということを僕ら家族は告げていなかったのです。

今もまた改めて「本当は危なかったんだ」ということを告げるべきなのか、迷いが僕の心にたち込めました。

「………」

そうして少し考えるような表情をしていた僕に父は、言いました。

「祐二な、迷ったり、考えてる時にな、ええこと教えたろか？」

…この「ええこと教えたろか？」という言葉は、父が僕に何かを教えてくれる時によく使う言葉でした。この言葉をこれからもずっと聞けるかもしれないと思うと嬉しくなりました。

「…ぜひ、お願いします」

「人間が何で決断出来ひんかや。ちょっと俺のカバンから、財布取ってみ」

父のその言葉に従い、僕は父の財布を手渡しました。父はまだ震える手で、財布から小銭を何枚か取り出しました。

「これ、見てみ」

そう言って父は、掌に100円玉と500円玉を乗せて、僕に見せました。

「どっちが欲しい？」

「えっと、500円です」

「そりゃそうやろな。じゃあ次は、こっちの2つでどれがほしい？」

そう言うと父は次に財布から、見たこともない外国の硬貨を2枚、掌に乗せて僕に見せました。

「…え、えっと…」

そう言ってコインを見つめて悩む僕に、父は言いました。

「祐二な、今思い付いたから教えるけどな、人間は何で決断出来ひんかわかるか？」

「…な、なんでしょう…？」

「さっきお前は、１００円玉と５００円玉を見比べて、５００円が欲しいと言った。あれはお前の中に、『５００円の方が１００円より、価値がある』といった情報がインプットされているから、迷わずに決断をすることが出来た。その逆に、こうして世界の硬貨を見せられた時、お前は判断が出来なかった。なぜならお前には、『どっちの硬貨の方が価値があるか』という、『情報』がないからやねん。人はよくそれを、『決断力の欠如』と言って、自分の能力が不足しているかのように捉えるけど、実際は違うねん。決断が出来ひんというのはな、決断力が無いんじゃなくて、単純に、『**決断するための情報が揃ってない**』**だけ**やねん」

「な、なるほど…」

「それであるならば、その決断をするための『情報』を集めればいい。自分で本を読んで知識を蓄えるなり、たくさんの世界を見て、経験を積むなり、失敗して何回もやり直してみるなり、頼れる人に相談してみるのもそう。そういった一つ一つの情報が、積み重なって、自然とどっちが正しいかという方向性が、何となく見えてくるようになり、『えいや！』っていう、高台から飛び込むような決意をしなくても、自然な形での決断というものが、出来るようになってくるから」

「…なるほど」

父の言っていることはよくわかったのですが、しかし今回のことばかりはさすがに自分でも判断するための情報を集めようがなく、さらにどうしたものかと考え込んでいた時…。

「もっと言うならな…」

父はそう言うと次にまた、１００円玉を2枚、それぞれ表と裏を上にして、掌に乗せて言いました。

「この2つやったら、どっちが良い？」

「…なんだかますます、分からなくなってきました…」

僕がそう言うと、父は笑って言いました。

「簡単な話や。この2つのどっちを選ぼうとも、**別にどっちも変われへんということや。**要はAかBか、どっちに進めばいいかで悩んだ時、別にどっちに進んでも大して結果は変わらないということ。そういう時はゴチャゴチャ悩まずに、前に進んだらええ」

「なーんだ！　そんな話かっ！」

僕がそう言った瞬間、この光景を微笑ましそうに見ていた母も含めて、病室にドッと笑いが起きました。

気付けば僕自身も父の元気そうに話すその姿に、余命宣告を受けていた事実を伝えるかどうかすらも、大したことではないように思えました。

そしてこれからも、この光景が続いていくことに、改めて喜びを感じ、涙が溢れてきました。

ずっと、ずっと、これからもずっと…。


——残り9日…。

４月６日
小銭を大切にすると…？

翌朝、病室に行くと、父は変わらず元気そうにしていました。

「何かしたいことはありますか？」と尋ねると、父が言った言葉は…。

「家に…帰りたいなぁ…」というその言葉でした。

その日のうちに担当医に相談をしてみると、外泊はまだ認められないが、外出はＯＫということで、翌日短い時間ではありますが、家に帰れるようになりました。

そのことを報告すると、父は嬉しそうにしていました。

「やっぱり家が一番やわ…」

父のその言葉に、一度は家に帰ることなんて、あきらめていた僕らも嬉しくなりました。


そしてその日の昼過ぎ、父はベッドで大好きなマンガを読んでいました。

諸々少し落ち着いてきたこともあり、僕も今日は帰って仕事をしようかなと思っていた、その時…。

「祐二、ええこと教えたろか？」

昨日に引き続き、再び聞くことのできたこの言葉に、片づけをしていた手を止めて、僕は「ぜひ」と言って父のもとへと近寄りました。

「俺が金持ちになれた理由や」

そう言うと父は、昨日と同じように僕にカバンから財布を取り出すよう命じると、再びいくつかの硬貨を取り出して掌に乗せました。

「これや」

「……？　ど、どれでしょう…？　こ、小銭…？」

「そう。小銭や。俺はこれを金のない時から、ずっと大切にしてきた。って言っても、金がないから小銭しかなかったんやけどな」

父はそう言って、笑いました。

「こ、小銭を大切にしたら、お金持ちになれるってことですか…？」

「そう。お前も知っている通り、お金にはランクがある。じゃあ日本円で一番上のランクは何や？」

「１万円？」

「そう。じゃあ次は？」

「５０００円」

「そう。そして今こうして、俺が持っている５００円玉、１００円玉、50円玉、10円玉、5円玉、1円玉…と続いていく。実はこのお金というものにも、意思があってな…」

「お金に意思…？」

「お金に意思、というよりも、『お金にも』って言った方がいいかな？ まぁ要は物にはどんな物でも、もちろんそこに込められた意思があってな。だからこそお金にも、集まる人と集まらない人の違いが出る」

「確かに…、それは何となく分かる気がします…」

「で、じゃあお前がお金やとしたら、どんな人のところに行きたいか？って話やねん」

「自分がお金だったとしたら…？ やっぱり大切に扱ってくれるところ…ですかね」

「せやな。俺たち人間の家と同じように、綺麗な財布で、大切に扱ってくれるところに、もちろん行きたい。じゃあもしお前というお金が、そうして大切にしてくれる人と巡り会えた時、次に何をしたくなる？」

「…う～ん…。何でしょう…？」

「**仲間を呼びたくなるねん。**だって居心地が良い場所なら、お前の周りの大切な人たちも、もちろん来たくなるやろうしな。だって大概の場合小銭たちはみんな、大切にされてないねんから」

「確かに…そうかもしれません…」

「そう。そうして小銭が集まってきたら、噂が立つねん。『あそこの人の所に行ったら良くしてくれるらしいで』ってな。それを聞いた親分が立ち上がった。親分とは？」

「１万円札？」

「そう。１万円札にとっては、小銭は大切な子分たちやからな。親分というのは大概の場合、自分よりも、自分の大切な子分を大切にしてくれる人に対して、感謝をするからな。芸能人や社長連中とかでもそうやけど、ある程度チヤホヤされたら、もう自分のことであれやこれや言われることに、喜びを感じなくなるねんな。それよりも自分の大切な人を、大切にしてくれる人たちの方が、貴重な存在に見えてくる。そんな人のためにこそ、力になりたいと思うねん」

「な、なるほど…」

「結局人もお金も変わらんって話よ。だからお金にも愛される人になればいいし、愛されるような使い方をすればいい。そういう意味で言うと、お前の財布、あれあかんで」

「…え…？」

父は突然そう言うと、ニヤリと笑いながら言いました。

「お前今、二つ折り財布使ってるやろ？　それやと、どうしてもお札を折ることになるやんか。しかも、それをお尻のポケットなんかに入れてたら、お金を踏みつけてることと一緒やからな」

「…すぐに…財布…買い替えます…」

「こんなんもな、ただのおとぎ話とか、根拠のない話として、聞き逃すのも自由やで。でもな実際に、手前味噌やけど、こうして俺はお金を大切にしてきたことによって、有り難いことにたくさんのお金に恵まれてきた。なら毎月1日のご先祖様の日の話じゃないけど、やった方がいいやん。別にこれをすることに何十万、何百万ってお金がかかるわけじゃないんやし。高額なセミナーに行く必要もないんやし。ちょっと『めんどくさい』って、思いに勝てばそれでええんやから」

「…仰る通りです…」

――残り8日…。

4月7日
神仏を大切にする心

翌日の昼過ぎ、僕は兄と二人の姉と一緒に、父を迎えに病院に来ました。

病室に入ると、父はもうすでに外出の準備をしており、その表情はここ数年見たこともないぐらい晴れやかで、病院を出る時には、たくさんの看護師さんたちにも見送られ、本当に嬉しそうでした。

家に到着すると、まずは父親の愛犬が尻尾を振って、その帰りを歓迎してくれました。

その後しばらく、車椅子を押しながら近所の公園を散歩していると、そこにはまだ遅咲きの桜が残っていました。

「こうしてまた、家の近くの桜が見れるなんてなぁ…」

「本当に良かったです…」

そうして家に戻って、家族全員で久しぶりに食卓を囲む予定だったのですが、その前に…。

「ちょっと神棚に挨拶させて…」

そう言う父の介助をしながら、僕らは家の奥に位置する、父と母がこの家を建てる時に大切に作った神棚や仏壇が安置されている和室へと向かいました。

そこには大きな仏壇と神棚が置かれていて、毎月１日のご先祖様の日の話からも分かる通り、父は昔からこのように神仏を大切にしており、かつて僕にこんな話をしてくれたこともありました。

「俺がな、少しだけゴルフ場で付き合いのある経営者の人でな、性格も悪くて、人相も悪い人がおってな。でもその人なぜか会社の業績はめちゃくちゃ良くてな。なんでかな、なんでかなと思ってて、ある日その人の会社に行く機会があってビックリしてん。すっごい立派な神棚があってな。失礼な話かもせーへんけど、あぁ、これだけでええんかぁって、その時は思ったもんよ」

そんなことを思い出しながら、久しぶりに家族全員揃って、仏壇と神棚の前に座って、手を合わせました。

手を合わせるとそこには静寂の時間が流れ、そこに確かに感謝の気持ちとおかげさまの気持ちが湧いてきて、**自分以外の何かに『生かされている』という感覚が心に宿りました。**

神仏を大切にするというのは、このことだけでも大いに効果があるのかもしれません。自分以外の存在に感謝し、生かされていることに気付くことによって、傲慢さを取り去り、日々謙虚さを取り戻す。その気持ちがあるから故に、人の話に素直に耳を傾けようとも思えるし、小さなことにも喜びや感動、感謝の気持ちを忘れず、素直にまた明日からも、日常生活を頑張っていこうと思える。

そう考えると、こうして神仏を大切にすることによる効果効能というのも、単なる根拠のないおとぎ話ではなく、成功している人たちがすべからず行っている、きちんと理にかなったことのように思えてくるのです。

そうしてその後家族で食卓を囲み、父が大好きな食事をテーブルに並べると、父は本当に嬉しそうな顔をしていました。

「やっぱり…家族の時間が一番幸せやわ…」

しばらくすると、父が言いました。

「ちょっとしんどいから、奥で寝るわ…」

そうして久しぶりに自分の寝室に行くと、これ以上ない幸せそうな寝顔で眠りに就きました。

数時間後、病院に帰る時間が近付いてきて、心苦しいながらも父を起こしに行きました。

「…ん…。もうそんな時間なん…」

その時の父の表情は本当に悲しそうでした。

「このまま家おったらあかんかな…」

その言葉に心を痛めながらも、何も言葉を返すことが出来ず、僕らはほぼ無言のまま、父を乗せて病院へと向かいました。

楽しい時間は、本当に、あっという間でした。

——残り7日…。

４月８日
暗転

昨日家で父が、「もう退院したらあかんかな…？」ということを言っていました。それを聞いて、僕らでは判断しようがないものの、「とりあえず明日、お医者さんに相談してみよう」ということになり、この日僕は母と、父の病室へと向かいました。

たまたま廊下で担当医を見つけ、そのことを相談してみたところ、返事はなんと、訪問医を付けるという条件でＯＫ。最短で13日に退院が出来ることになりました。

そうして父にそのことを伝えようと、喜び勇んで病室のドアを開けて、部屋に入るなり驚きました。

父を囲む看護師さんたちの姿と、父の苦悶の表情に…。


「荒川さん、大丈夫ですか!? 大丈夫ですか!? どこが痛いですか!?」

「お腹が…お腹が痛い…」

「荒川さんっ!!」

一体何が起こっているのか分からず、困惑する僕らを見つけ、看護師さんが言いました。

「さっき起きた途端、急に…。下血もしてるみたいで…」

「…痛い…痛いっ…」

「すぐに先生を呼んできますからね!」

数分後、担当医の先生がやってきました。

「あの、どうしたんでしょうか…?」

「これから諸々確認致しますが、今は鎮静剤を入れて様子を見るとしか…」

「………」

その後、鎮静剤が効いたのか、父は少し落ち着きを見せたものの、痛がっていた時の尋常ではない苦悶の表情を思う度、僕ら家族に言葉はありませんでした。同時に昨日まで、あれだけ元気に見えていたはずの父の表情から、生気を感じることが出来ませんでした。

今日の今日のことなので、それは致し方ないのかもしれないのですが、余命宣告を受けて以来、感情が毎日ジェットコースターのように乱高下する日々の中で、いよいよ僕ら家族の精神もピークに来ていたのかもしれません。

そこにはただ、重苦しい空気だけが病室に広がっていました。

——残り6日…。

４月９日
再び刻まれたカウントダウン

「お父様の病名は、『憩室炎』。何らかの原因で、体内の憩室と呼ばれる箇所に細菌感染が起こり、腹痛や発熱といった症状が現れることです。通常はこれといった治療の必要がないのですが、下血をしているので、合併症を引き起こしている可能性があります」

「そ、それは、どうすれば…？」

「一旦絶食し、点滴を行いながら抗菌薬を投与することとなります。これで通常は快方に向かっていくはずなのですが、ただ気がかりなのが…」

「………」

「今朝の血液検査の結果が、再び悪化に転じています」

「…えっ…」

「憩室炎の快方とともに、数値が再び上がっていけば良いのですが、そうでない場合は…」

医師はそこまで言うと、言葉を止めた。

「…とにかく今は、最善を尽くします」


何で…どうして…昨日まであんなに元気だったのに…退院出来ると思っていたのに…。絶望的な気持ちのまま、病室に向かう廊下を歩き、ふと横を見ると、母が涙を流していました。

状況は余命宣告を受けた、前回と同じはずなのに…。しかしこの時、予感と言えばよいのか、それとも抗うことの出来ない運命の流れと言えばよいのでしょうか、確かにこの時、「あきらめてたまるか！」と家族全員で一丸になれた前回の時と違って、何かが僕たちの心の中で、違っていました。

病室に入ると、父は眠っていましたが、依然辛そうな表情のまま、心なしか昨日よりもさらに、体調が悪くなっているように見えたのです。

父はその日、そのままずっと、眠り続けていました。

——残り5日…。

4月10日
成功することよりも、成長することが大事

今朝方家を出る前に、なぜか押し入れから昔の父の写真や家族の写真を取り出して、整理し始めている自分がいました。決して何か意図したわけでも、意識したわけでもなかったのですが、本能の行動でそうしてしまっている自分に驚くと同時に、僕は写真を閉まって、急いで病院へと向かいました。

あきらめたくない！　あきらめたくない！　あきらめたくない！！

そう何度も念じながら、着いた父の病室では、父はベッドを起こして、朝食のお膳を前にして座っていました。

良かった！

しかしそう思えたのもつかの間、近付いて見た時の、父のうつろな視線と表情は、僕の心を現実に引き戻すには十分でした。

急いでベッドを倒して、楽な体勢にしようとしていたその時…。


「お、おぉ…祐二か…」

「…お父さん、お父さん…」

「俺はな、もうあかんのやろ…？」

「そんなことないっ、そんなことないよっ！」

「…自分の身体のことやから、よくわかる…。俺はもう長くない…」

「そんなことない…そんなこと…」

「いや…もうええねん…もう…ええねん…」

「………」

「お前とな…こうして色んな話をした時間が…楽しかったなぁ…」

「もっと聞かせてください…これからも、もっと、もっと…」

「もう十分…俺からお前たち家族に…伝えられることは…伝えたよ…。後は…お前もしっかりと…自分の子どもや家族を…大切にしてあげや…」

「………」

「…でもな…お前も…これからもしっかり…勉強せなあかんで…。たくさん本読んでな…」

こんな状態でもありながら、心配性だった父は、最期の最期まで、僕のことや家族のことを気遣ってくれているのでしょう…。かすれた声で、小さく言葉を発する父に対して、僕も一言一句聞き逃してはいけないと、その口元に耳を寄せました。

「本にはな…過去の人たちが生きた叡智が…たくさん…詰まってるからな…。

人の営みなんて…いうものは…昔も今も…大して変われへんねん…。いつの時代も…人は同じようなことで悩むし…同じことで…迷う…。なら…昔の人たちが…どう生きたか…を知ることで…これから自分…自身がどう生きていくか…その未来の歩き方すらも…知ることが…出来る…。**過去を知って…未来を知って…、過去を知って…自分を知る…**っていうな…」

「…過去を知って、未来を知って、過去を知って、自分を知る…」

「日本人ってのはな…特に…自分たちのことをダメと…思ってしまっているやろ…。それもな…ちゃんと過去に理由があってな…」

「………」

「遡ったらな…江戸時代に…黒船が来た時にすでに、自分たちは…このままではダメだ…と思って明治維新によって…外国の文化を取り入れて…生まれ変わった…。でもそれによって…本来大切に…するべきものすらも…自分たちで…否定をしてしまった…。そこに輪をかけたのが…敗戦や…。それ以来…日本人は…どこかでみんな…自分たちはダメなんやと…思わされ続けて…生きてるねん…。だから頑張って…頑張って…頑張ることで…自分たちの価値を…見出そうとする…」

「………」

「でも…そういった過去を知り…その原因に…気付くことが出来ないと…いつまで経っても…自分や自分たちの…価値を…認めることが出来んくてな…。そうなったら…頑張るために…頑張らされてるみたいなもんでな…。どれだけ…頑張っても…頑張っても…一緒やねん…。**自分の価値が…わからないから…幸せにはなられへんねん…。**でも…さらに…過去を遡ったら…この国、そして自分自身が…どれだけ素晴らしい存在か…ということもわかる…」

「………」

「そうして…初めて…気付かなかった洗脳のような状態から…解き放たれ…本当の…自分の人生を生きることが…出来る…。そういったこと…を知るためにも…たくさん本を読んで…もっともっと勉強を…せなあかん…」

「お父さん、ありがとう、ありがとう…」

「祐二な…、**人間は…成功することが…大事なんちゃうで…成長することが大事なんやで…。成長することが…出来たなら…、成功なんていくらでも…することが出来るから…。**たくさんの…本を読んで…、たくさんの人と…会って、たくさんの経験をして…、たくさん笑い合える…そんな人生をな…」

父はそこまで言うと、意識を失うように、ストンと眠りに落ちました。

話していた時の表情はまるで、最期の命の炎を燃やしているかのようでした。


――残り４日…。

4月11日

大富豪 父が遺した手紙

元々は13日に退院をする予定だったこともあり、この日は当初の予定通り、今後の方針を決めていくための医師と看護師、訪問医を合わせてのカンファレンス（協議）を当初の予定通り、行いました。

これまでの経過を医師が訪問医に引き継ぐ中で、僕は率直に聞きました。

「…どうにもここ数日見ていても、これから回復していくようには思えません…。先生、実際のところはどうなのでしょうか…？」

僕のその言葉に、医師は一瞬言葉を詰まらせながらも、言いました。

「今朝の血液の数値を見ても…残念ですが…日に日に悪化しております…。持ってあと1週間…早ければ数日にでも…」

その言葉を聞いた時、どこかでやはり覚悟をしていたのかもしれません。つとめて冷静に、こう言っている自分がいました。

「それであれば、1日でも早く、自宅に帰れるようにお願いします」

カンファレンスを終えて、病室に向かう数分、不思議と心が落ち着いていたのを、今でも覚えています。

これが最期であるならば、悔いの無いように――。

そう思って母と、父の病室に入ると、父は眠っていました。

僕は父のベッドの傍にイスを置くと、そのままそこに座って、ジッと父の顔を眺め続けていました。

66歳。大きな、大きな父でした。

体格はもちろんのこと、何より生き方も豪快で、それでも実は繊細で、誰に対しても優しく、自分のことより人のことを優先し続けるような、そんな父でした。

子どもながらに、誇れる父でした。

…ありがとう。その気持ちとともに、ふとベッドの脇のテーブルを見ると、そこには、恐らく父が書いたのであろう、震えた字で書かれた何枚かのメモ書きがありました。

いつ書いたんだろう…？　恐らく昨日の夜、僕らが帰ってから…？

色んな疑問がありましたが、そのメモを手に取ると、そこにはこう書かれていました。

『ありがとうを言う人から、ありがとうを言われる人へ』。

『商売の秘訣は、人の気持ちの分かる人間になること』。
『人間、素直が一番』。
『感謝の気持ちが大事』。
『おかげさまの心』。
『嘘をつくな』。
『足ることを知れ』。
『格好良く生きろ』…。

この言葉の一つ一つは、普段の教えの他に、常々僕ら、特に兄と僕の兄弟が小さい頃から、父が言い続けて来てくれた言葉の数々でした。
ふとその時の思い出が甦り、涙がこぼれそうになったその時でした。

『お金は追いかけてはいけない』。

恐らく今まで、父から聞いた記憶のないであろう言葉が書かれたメモが、目に入ってきました。

「これは…?」

そのメモを母に見せると、母は言いました。

「あぁ、それお父さん、いつも言ってたね。**『お金は女性と同じで、追いかけたら逃げるんや』**って。『そうじゃなくて、自分がもっともっと格好良い人間になろうって努力してたら、気付いたら向こうから寄ってきてくれるもんなんや』って…」

父らしいものの例えに、本当に今すぐにでも目を覚まして、その言葉を言ってくれそうな気になりながら、僕は母の言葉に耳を傾けました。

『商売もそうでな、お金を追い掛けたら、たちまち失敗する。そうじゃなくて、いかに今の自分が出来ることで、たくさんの人に喜んでもらえるか、もっと良い商品やサービスを作れるか、そうやって考えて進化し続けてきた結果、たくさんの人がついてきてくれて、結果的にお金もたくさんついてきてくれるんや。そこを間違えたらあかん』」

父は本当にその言葉を地で行ってきたのでしょう。思い返せば父の商売の原点は、自分自身が大好きだったラーメン屋に通う中で、「こんな美味しいラーメンを人に出せたら、幸せやろうなぁ」と思ったことにあると、聞いたことがあります。

その結果として、父が常々口にしていた、『1億人を幸せにするラーメンを』という その言葉を追及し続けてきた結果、今があるのです。

こう聞くと、簡単そうに聞こえる話ですが、実際に商売をやってみると、日々の仕入れや家賃、生活費などの支払いに追われ、また日々起きるトラブルに忙殺され、日常の業務をこなすだけでいっぱいいっぱいになり、開業当初は思い描いていたような崇高な理念や志も、いつの間にか無くなってしまいます。例え開業当初はそれを乗り越えられたとしても、長い人生の中で、子どもが生まれたり、家を買ったりなど、環境が変わっていった時、知らず知らずにプレッシャーが増えていく中で、自分でも気づかないうちに、目の前の売上、お金を追ってしまうようになってしまうこともあります。

その結果として、ラーメン屋で言うならばスープの材料を減らして原価を下げようとしたり、サービスの質を低下させるなど、間違った方向で目先のお金を追ってしまい、結果的にそれをすることで客離れが起きて、さらに目先のお金を追い掛けて、商売に手を抜いてしまいます。こうなってしまうと、悪循環から抜け出せなくなってしまうのです。

僕自身も、実際にこれでダメになってきた人をこれまでに山ほど見てきました。父はそのことを言っているのです。

そんなことを思い返していると、そのメモ書きにちょうどピッタリと重なっている形で、もう一枚の紙が出てきました。

そこにはこう書かれていました。

『お金を追いかけるな。夢を追え！』。

いつのことだったでしょうか。父は僕らに言ったことがありました。

「大きな成功を出来る人間の違いがわかるか？　それはな、どこまでも夢を追って、それを石に齧りついてでもあきらめへんかった。ただ、それだけの違いやねん。それほどまでに、叶えたい夢があったということやねん」

その言葉を思い出し、その言葉の本当の意味を僕がようやく理解が出来たその時、父はもうこの世での生を終えようとしていました。

――残り３日…。

4月12日　覚悟

退院を明日に控え、今日この日は持参していたすべての物を引き上げる日でした。兄と母と一緒に車で病院に向かう道中、僕らに言葉はありませんでした。病室に着いて片づけを進めるものの、父が目を覚ますことはなく、すべてを終えてその後、姉や孫たち家族全員が来て、日が暮れても父は目を覚ますことはありませんでした。

「…もう帰っていいよ。後はお母さんがいるから…。もうちょっとだけ、お父さんと二人でいたい…」

40年以上連れ添ってきた父との別れが、眼前に迫った母の気持ちを汲むと、僕らにその言葉を拒む理由はありませんでした。

…覚悟が出来る。

それは、幸せなことなのかもしれません。中にはお別れの言葉を告げることも出来ず、また思いもよらない事故や災害で、突然大切な人との別れを迎える人もいます。

しかしそれが大切な人であればあるほど、思いが深ければ深いほど、別れは辛く、受け入れがたいものです。

一体僕はこの父との別れを、そして最期に過ごしたこの時間を、どう受け止め、どう意味づけして、これからを生きていけばよいのでしょうか。

——残り2日。

4月13日 家族で過ごした最期の時間

翌日の昼過ぎのことでした。

兄と母の迎えによって、父は家に帰って参りました。

ストレッチャーに乗った父は、意識は朦朧としながらも、それでもずっと笑顔を見せていて、まるでその表情は自分の家に帰ってこられたことを理解し、喜びを表しているようでした。


父が大好きだった神棚と仏壇の和室に、介護用ベッドを置き、そこに父を寝かせました。

この介護用ベッドも、数日前に退院の相談を医師にしていたからこそ、用意をすることが出来たものでした。

あの時、あの話をしていなければ、もしかしたら父は病院で最期を迎えることになっていたのかもしれないのです。それだけは絶対に父も、そして僕ら家族にとっても本意ではなく、そう思えば、この最期に家で過ごすことの出来る時間は、父がその人生で大切にし続けてきた神様と仏様、ご先祖様が用意してくれた、最後の采配のように思えるのです。


入院中、ずっと付け続けていた点滴の管もすべて外し、ベッドに横たわった父の表情も、その呼吸も安らかで、苦しむ様子もありませんでした。

その時ふと思い立ち、僕は和室に布団を何枚か敷いて、僕らがまだ小さかった時のように家族6人で一つの部屋に床を並べてみました。

それぞれに言葉はなく、僕に限らず、これまで父にそれぞれ、人生の手ほどきを受けてきた全員が、過ごしてきた時間に思いを馳せていくうちに、すすり泣く声だけが響いていました。

その日はそのまま、家族全員で眠りに就きました。

死はその人生の総決算であり、集大成だと聞いたことがあります。

結果的に父がずっと、ずっと大切にし続けてきた家族の時間が、その人生の最期を彩る形となったのです。

――残り1日。

4月14日
大富豪 父の最期の言葉

翌日の日が暮れるころ、家族全員に見守られながら、父は静かに息を引き取りました。

66歳。早すぎる死ではありましたが、その安らかな表情が示す通り、後悔の無い幸せな人生だったように思います。

ふと外に出てみました。

2週間前には満開だった桜の花びらは、もう完全に散ってしまい、緑色の葉とともに新たなる生命の営みを始めていました。

毎年春の季節には、たくさんの人を呼んでお花見をしていた、桜が大好きだった父は、桜とともに天へと昇っていきました。

*

その日の夜、僕は不思議な夢を見ました。

映像はなく、枕元から父の声だけが聴こえてきたのです。それは、子どもの頃からここ数日前までずっと変わらなかった、父が僕に話をしてくれていた時、そのままの口ぶりで聴こえてきました。

「祐二、ええか？　何回も、何回も言うけどな、親にとってな、子どもが幸せでいてくれたら、それでええねん。それは魂になった今では、尚更な、そう思うねん。だからな、もうお前も、俺に縛られたらあかんで」

「今までずっとそうやったやろ？『親に喜んでほしい』、『お父さんに認めてほしい』って言って、これまでの人生をずっと歩いてきたと思う。それをずっと、親孝行やと思って、やってきてくれてたんやろうけど。もう十分過ぎるぐらい、やってくれたやん。そろそろお前も、お前の人生を、好きに生きてもええんやで」

「周りをゆっくり眺めてみ。これまでお前が積み重ねてきたもの、誰でもなく、今のお前にしか出来ないこと、それを大切に思ってくれている、かけがえのない人たちが、たくさん、たくさんいてくれてると思う。お前はええ環境にいてるんやから。したいことは何でも出来る。こんな人生中々ないで。それを感じや」

「次はまたいつ、人間に生まれるか分からんねんからな。俺はラーメンの仕事が好きやった。だから頑張れたし、成功もした。だからお前もそのまま好きなことを追及していき。必ず成功するわ。だから簡単にあきらめんと、仲間をたくさんつくって人生を楽しみや。あんまり抱え込んだらあかんで。俺は一匹狼やったけど、たくさん仲間がおったら、助けてくれる人が必ず現れるから」

「じゃあ、また会おうな。お前の親でいられて、俺は幸せやった。ありがとう」

その言葉とともに、僕は目を覚ましました。

同時に起き上がって見た枕元には、父の姿はなかったのですが、確かにその存在と温もりだけは感じることが出来ました。

そして僕は泣きました。たくさん、たくさん、泣きました。涙が止まらなくなるまで、ずっと、泣きました。

エピローグ　人は死しても尚、生き続ける

父の葬儀は、本人の生前の希望により、家族のみで執り行ったため、関係各所の方々を招いて、後日「お別れ会」を執り行わせて頂きました。

その時の大きなホテルの会場に溢れんばかりの人の数と供花、そして父との別れを惜しみ、滂沱《ぼうだ》の涙を流すたくさんの人たちの光景を見て、改めて父という存在の偉大さを感じることが出来ました。

父が亡くなって、1年。

その間に、たくさんの出来事がありました。父のことを思い返し、涙を流した日々もありました。もう一度父と話したいと、返ってくるはずもない時間に、思いを馳せることもありました。

しかしその後、父が遺した言葉の通り、この1年で僕は、「自分の人生を生きる」ことを意識して生きてきた結果、仕事は大きく飛躍し、経営者としても、一家の長としても、一人の男としても、大きく成長をすることが出来ました。

父はきっと、この姿こそを望んでいたのだろうと思います。

「人は死すとも、魂は死なず、永遠に受け継がれていく」。

この言葉を、最近よく頭に思い浮かべます。

魂や死後の世界というものがもし本当にあるのだとしたら、魂というのは本来、1つの個体ではなく、境界線のない、無限のエネルギー体であり、そのエネルギー体は、時に僕らの肉体という器に入って、生命となり、現世での様々な役目を終えたその時に、現世で得た成長と経験を持って、さらに清らかになった状態で、再び天へと昇っていくのだと思います。

しかし天へと昇る魂は、同時に現世に、ある置き土産を遺していきます。

それは、その魂は天へと昇ると同時に、遺された者の中にも、入っていくということです。

その死によって、遺された者の人生を、より豊かに、より実りあるものにするために、天に昇る者の魂は、遺された者の肉体へと、エネルギー体として入っていき、その亡くなった人が、生前大切な人であればあるほどに、その死をきっかけに、人生に対する向き合い方が変わる者、その人との生前の思い出を胸に、新たなる未来の一歩を歩いていく者。それぞれの別れの後には、そこに目には見えなくとも、亡き人の魂が、遺された僕らに入っていき、まるでバトンを繋いでいくように、そして時に目には見えない流れで後押しするように、永遠に共に人生を歩いていくという、確かな現実があるのだと思います。

今、僕のこの身には、確かに父の魂が入っています。

死とは終わりではなく、生を終えたことに対する祝福であり、またその魂は次の魂を祝福するために、永遠に受け継がれていきます。

きっと僕自身の人生もまた、そのためにあるのだと思います。

だからこそ、強く、しっかりと、大地に足を踏みしめ、これからも未来を歩いていこうと思います。

『大富豪 父の教え』をこの胸に。

最後になりますが、僕と同じように、幼い時より父からずっと教えを受けてきた兄が、僕らがいなかった日に、父から病室で受けた最期の教えをここに記し、この物語を終わりとさせて頂きます。

＊

2018年4月某日　午前8時ごろ　病室にて

「最近病院でずっと寝てるやろ。だから色んなこと考えんねん。そこに小さいホワイトボードが置いてるやろ。それちょっと見てみ?」

（ホワイトボードに書いていた内容は、誤って消してしまっていた）

「何で消えてんねんやろ？　まぁええわ。これから話すことを、俺の遺言やと思って聞けよ。人生で大事やと思うことを、伝えるから。まず一つ目な、人間の原点や。人が何か行動を起こす時に、必ず必要な『あるもの』があるねん。何やと思う？」

「人がな、行動を起こす時に大事なのは、**今そこに、『トキメキ』があるかどうかや。**色んな事にトキめく心を持つ。心のトキメキに素直になる。心がトキめいてる時ってな、どんだけやっても、疲れへんやろ？」

「このトキメキに、素直になることが大事やで。何かをやる時に、そこにトキメキがあるかどうか。それを自問自答しながら、やらなあかんで。心がトキめくことをやらなあかん。その中で、『不動心』って言うんかな。動じない心を持たなあかん」

「次にな、『お金欲しい、お金欲しい』って、言うたらあかんで。逆に金に逃げられる。そうじゃなくてな、自分の行動の極意をしっかり持ってな、トキメキに従って、強くやっていかなあかん。今世の中全体が、すごい殺伐としてるやろ。みんな、『金欲しい、金欲しい』って言うてな。そういう時やからこそ、トキメキを大事にしてな。世の中に流されへん、強い心を持って、やらなあかん」

「二つ目はな、**しっかりと体力を身につける**。やっぱり人間、強くなかったらあかん。三つ目…何やったけな？　思い出されへん…（しばらく考える）あぁ、そうや。**感謝や。感謝の心が大事。**感謝の心がなかったら、何をやっても上手くいかへんから、しっかり感謝の心を、持つんやで」

「最後の四つ目は、『また明日』や。また明日、また明日」

（この四つ目には、具体的な説明はありませんでした。恐らく僕らが上手くいかないことや辛いこと、苦しいことがあっても、くよくよするなよ。明日があるさと、父は言いたかったのではないかと思います）

「大分喋ったから、疲れてきたわ。ちょっと寝るわ」

そう言うと父は、そのまま深い眠りに落ちました。

荒川 祐二（あらかわ・ゆうじ）

1986年3月25日生まれ 上智大学経済学部経営学科卒

作家・小説家として、これまでに様々なジャンルの本を上梓。2017年3月から、『ていうか神さまってなに？』というタイトルで始めたブログでは、古事記の物語や日本の神々の歴史、そのゆかりの地を巡る旅を伝え続け、わずか半年で1日最高5万アクセス、月間アクセス100万を突破する人気ブログとなる。『家にスサノオが棲みつきまして…』や『スサノオと日本の神を巡る旅』など、今も日本の神様に関連した人気コンテンツを生みだし続けている。

著作に『神訳 古事記』（光文社）、『神さまと友達になる旅』（VOICE）、『半ケツとゴミ拾い』（地湧社）、『あのときやっておけばよかったと、いつまでお前は言うんだ？』（講談社）などがある。

荒川祐二オフィシャルブログ「〜神さまと友達になる〜」

https://ameblo.jp/yuji-arakawa/

Special thanks to:
作家プロデュース　山本時嗣（ダーナ）

大富豪 父の教え

幸《しあわ》せのコツ

二〇一九年(令和元年)六月二十六日　初版第一刷発行
二〇一九年(令和元年)八月一日　初版第三刷発行

著　者　荒川 祐二
発行者　伊藤 滋
発行所　株式会社自由国民社
東京都豊島区高田三―一〇―一一　〒一七一―〇〇三三　http://www.jiyu.co.jp/
振替〇〇一〇〇―六―一八九〇〇九　電話〇三―六二三三―〇七八一（代表）

造　本　ＪＫ
印刷所　大日本印刷株式会社
製本所　新風製本株式会社